# 実践につながる
# 教育相談
## （改訂版）

黒田祐二
清水貴裕 編著
飯田順子

北樹出版

# 改訂版まえがき

　本書は，教職（主に小中学校と高等学校の教員）を目指す人や，保育士など教職に準じた職業を目指す人を対象にして書かれた，教育相談のテキストです。

　本書の特色は，読者のみなさんの学びが学校での実践へとつながっていくように執筆されたことです。みなさんの学びが実践へとつながるためには，教育相談の理論や基礎知識を身につけるのみならず，児童生徒を理解したり支援したりするための具体的な視点や方法を知り，それらを演習や実習を通して体験的に学んでいくことが大切です。本書ではこれらのことを達成できるように内容や構成を工夫しました。

　本書の初版が刊行されて10年が経ちましたが，この間に大きな変化がありました。その変化というのは，不登校やいじめ等の諸課題に関して新しい教育政策が提言されたり統計データが更新されたりしたこと，生徒指導と教育相談の基本書である『生徒指導提要』が改訂されて教育相談の新しいあり方が示されたこと，そして，教育相談の学びにコアカリキュラムが導入されたことです。

　こうした変化や要請に対応するために，この度本書の改訂版を刊行することになりました。改訂版では，「実践につながる」というコンセプトはそのままに，教育相談の最新事項や最新データを盛り込みました。そして，コアカリキュラムに対応できるように教育相談の必須内容を盛り込みました。本書とコアカリキュラムとの対応表は次頁に示されています。

　この度の改訂によって，読者のみなさんの学びがより一層深まっていくことを，編集者，執筆者一同，こころから願っております。

　末筆になりますが，執筆者のみな様には，改訂版の主旨をご理解頂き，貴重な原稿をご執筆頂きました。そして，北樹出版編集部長の福田千晶氏からは，改訂版においても多大なお力添えときめ細かで温かなサポートを頂きました。また，同編集部の田津真里恵氏には校正の段階で細やかなサポートを頂きました。みな様に心より御礼申し上げます。

編者　黒田祐二・清水貴裕・飯田順子

表　コアカリキュラムの到達目標と各章との対応

| 区分 | 一般目標 | 到達目標 | 序章 | 1章 | 2章 | 3章 | 4章 | 5章 | 6章 | 7章 | 8章 | 9章 | 10章 | 11章 | 12章 |
|---|---|---|---|---|---|---|---|---|---|---|---|---|---|---|---|
| 教育相談の意義と理論 | (1) 学校における教育相談の意義と理論を理解する | 1 学校における教育相談の意義と課題を理解している | ● | | | | | | | | | | | | |
| | | 2 教育相談に関わる心理学の基礎的な理論・概念を理解している | | ● | ● | ● | ● | ● | ● | ● | ● | ● | ● | ● | ● |
| 教育相談の方法 | (2) 教育相談を進める際に必要な基礎的知識（カウンセリングに関する基礎的事柄を含む）を理解する | 1 幼児，児童及び生徒の不適応や問題行動の意味並びに幼児，児童及び生徒の発するシグナルに気づき把握する方法を理解している | ● | ● | ● | ● | ● | ● | ● | ● | ● | ● | | | |
| | | 2 学校教育におけるカウンセリングマインドの必要性を理解している | | | | | | | | | ● | ● | | | ● |
| | | 3 受容・傾聴・共感的理解等のカウンセリングの基礎的な姿勢や技法を理解している | | | | | | | | | ● | ● | | | ● |
| 教育相談の展開 | (3) 教育相談の具体的な進め方やそのポイント，組織的な取組みや連携の必要性を理解する | 1 職種や校務分掌に応じて，幼児・児童・生徒並びに保護者に対する教育相談を行う際の目標の立て方や進め方を例示することができる | ● | ● | ● | ● | ● | ● | ● | ● | ● | ● | ● | | |
| | | 2 いじめ，不登校・不登園，虐待，非行等の課題に対する，幼児・児童・生徒の発達段階や発達課題に応じた教育相談の進め方を理解している | | | | | ● | ● | ● | | | | | | |
| | | 3 教育相談の計画の作成や必要な校内体制の整備など，組織的な取組みの必要性を理解している | ● | | | | | | | | | | ● | ● | |
| | | 4 地域の医療・福祉・心理等の専門機関との連携の意義や必要性を理解している | ● | | | | ● | ● | ● | | | | | ● | |

注）到達目標に対応する主な章に●がつけられています。●のついていない章でも到達目標に関連している章があります

ntents

　　　　　　　　　第Ⅰ部　教育相談の基礎

序　章　教育相談の概要——その定義，種類，基本的な進め方……………12

　　第1節　教育相談の目的と定義 ………………………………………12

　　第2節　教育相談の種類 ………………………………………………13

　　第3節　教育相談の進め方1——学校全体で進める教育相談について…15

　　　　1. 教育相談の組織体制（15）2. 計画的に進める教育相談
　　　　（16）3. 連携によりチームで進める教育相談（17）

　　第4節　教育相談の進め方2
　　　　　　——一人ひとりの教員が進める教育相談について ………17

　　第5節　教育相談の意義と課題 ………………………………………18

第1章　課題を抱えた子どもの理解と支援——その基本的な視点 …………21

　　第1節　適応と不適応……………………………………………………21

　　　　1. 適応・不適応とは？（21）2. 発達段階ごとの不適応とつま
　　　　ずき（22）3. 不適応の見方（24）

　　第2節　課題を抱えた子どもの理解……………………………………24

　　　　1. 子どもの課題やつまずきを詳しく多面的に把握すること
　　　　（25）2.「問題なところ」だけでなく「問題ではないところ」
　　　　も理解すること（27）3. 表に現れた「言動」だけでなく表に
　　　　現れない「内面」にも目を向けること（28）4. 発達的な視点
　　　　で理解すること（29）

　　第3節　実践に向かって——子どもの支援について …………………31

　　　　1. コミュニケーション（双方向の意思疎通）について（31）
　　　　2.「指導」「援助」「支持」というかかわり（32）

　　　　　　　　　第Ⅱ部　個別の課題とその支援

第2章　メンタルヘルスの不調——ストレスおよび精神障害について………34

第1節　ストレスと心身の不調 ……………………………………… 34

　　　1. ストレスとは？（34）2. ストレスから心身が不調になるし

　　　くみ（35）

第2節　精 神 障 害 …………………………………………………… 37

　　　1. 不安症（不安障害）（38）2. 強迫症（強迫性障害）（40）3. うつ

　　　病（大うつ病性障害）（40）4. 統合失調症（41）5. 摂食症（摂食

　　　障害）（42）

第3節　実践に向かって

　　　　　──ストレスの予防と精神障害の子どもへのかかわり ……… 43

　　　1. 子どものストレスの予防法（43）2. 精神障害の子どもへの

　　　かかわり（44）3. 教師のストレスとメンタルヘルス（44）

## 第3章　発達障害──子どもたちとともに学ぶ ……………………………… 46

第1節　自閉スペクトラム症（自閉症スペクトラム障害，ASD）……… 46

　　　1. 自閉スペクトラム症（自閉症スペクトラム障害，ASD）とは

　　　（46）2. 乳幼児期の様子と関わり方（48）3. 小学生の頃の様

　　　子と関わり方（48）4. 中学生以降の頃の様子と関わり方（49）

第2節　注意欠如・多動症（注意欠如・多動性障害，ADHD）……… 49

　　　1. 注意欠如・多動症（注意欠如・多動性障害，ADHD）とは（49）

　　　2. 幼児期の様子と関わり方（50）3. 小学生の頃の様子と関わ

　　　り方（51）4. 中学生以降の頃の様子と関わり方（52）

第3節　限局性学習症（限局性学習障害，SLD）…………………… 52

　　　1. 限局性学習症（限局性学習障害，SLD）とは（52）2. 小学生の

　　　頃の様子と関わり方（54）3. 中学生以降の頃の様子と関わり

　　　方（55）

第4節　実践に向かって──ともに成長し続ける ……………………… 55

　　　1. 目の前の子どもに寄り添う（55）2. 保護者の困っているこ

　　　とを理解する（56）3. 子どもの笑顔を探す（56）

目　　次　　5

第4章　不登校──学校に行けない・行かない子どもたち ……………………… 58

第1節　不登校とは……………………………………………………………… 58

1. 不登校の考え方の変遷（58）2. 不登校の定義と実態（58）
3. 不登校のタイプ（60）

第2節　不登校の子どもの理解 ………………………………………………… 60

1. 不登校の背景（60）2. 不登校の子どものこころ（63）

第3節　不登校支援のあり方…………………………………………………… 64

1. 不登校支援における基本的な姿勢（64）2. 不登校の経過の理
解と支援（65）3. 近年の不登校支援に関する施策（67）

第4節　実践に向かって──保護者支援と家庭との連携 ………………… 68

1. 不登校をめぐる保護者のこころの理解（68）2. 保護者支援
と家庭との連携のために（69）

第5章　いじめ──いじめる子，いじめられる子，いじめを見ている子 ……… 71

第1節　いじめとはなにか？──いじめのとらえ方と現状…………… 71

1. いじめの定義（71）2. いじめの現状（73）

第2節　いじめの特徴……………………………………………………………… 75

1. 最近のいじめの特徴（75）2. いじめの被害者の心の傷（77）
3. いじめの加害者の特徴（78）

第3節　実践に向かって──いじめの予防と対応……………………… 79

1. いじめ防止法で求められている学校の取組（79）2. 生徒指
導提要におけるいじめに関する生徒指導の重層的支援構造
（80）3. いじめへの対応（81）

第6章　非行と虐待──傷つける・傷つけられる子どもたち ………………… 86

第1節　非行の定義と現状 ……………………………………………………… 86

第2節　非行のタイプとその背景 …………………………………………… 89

1. 初発年齢が早く長期間継続する非行（89）2. 思春期・青年
期特有の非行（90）3. 目立たない児童生徒の突然の非行（90）

第3節　非行の予防と対応──4種の教育相談 ………………………… 91

1. 発達支持的教育相談（91）2. 課題未然防止教育と課題早期
発見対応（91）3. 困難課題対応的教育相談（92）

第4節　虐待の種類および児童生徒への影響 ……………………… 93

1. 虐待とは（93）2. 児童生徒への虐待の影響（94）

第5節　実践に向かって──虐待の早期発見と通告 …………………… 95

### 第Ⅲ部　教育相談の方法と実際

第7章　心理教育的アセスメント──子どもを理解する3つの方法 ………… 97

第1節　学校現場におけるアセスメント ……………………………… 97

第2節　「みる」アセスメント ………………………………………… 99

1. 誰を「みる」か？（100）2. 何を「みる」か？（101）
3.「みる」アセスメントの注意点（101）

第3節　「きく」アセスメント ……………………………………… 102

1. 誰に「きく」か？（102）2. 何を「きく」か？（103）
3.「きく」アセスメントの注意点（103）

第4節　「はかる」アセスメント ……………………………………… 104

1. 個別式知能検査の結果の見方の注意点（104）2. アンケー
ト実施および結果の見方の注意点（104）

第5節　実践に向かって──みる・きく・はかるの総合的利用 ……… 105

第8章　カウンセリングⅠ──基本的な理論と方法 ……………………… 109

第1節　カウンセリングとは何か ………………………………… 109

第2節　教育相談の基礎となるカウンセリングの理論と方法 … 110

1. 精神分析療法（110）2. 行動療法（112）3. 来談者（クライエ
ント）中心療法（114）

第3節　発展的なカウンセリング技法 ……………………………… 115

目　次　7

1. 解決志向アプローチ（115）2. 構成的グループ・エンカウンター（117）

第4節　実践に向かって——カウンセリングのこつ……………………118
1.「聴く」こと（118）2. チームで関わる（119）3. 柔軟に関わる（120）

第9章　カウンセリングⅡ——学校での実践……………………………122
第1節　学校におけるカウンセリング的かかわり………………………122
1. ラポールの形成（122）2. 教師のカウンセリング・マインド（123）3. カウンセラーの態度（124）

第2節　学校におけるカウンセリングの枠組み…………………………125
1. 何を援助するか（What）（126）2. 学校カウンセリングはどこで行われるか（Where）（128）3. 学校カウンセリングの担い手はだれか（129）4. 子どもをどのように援助するか（130）

第3節　学校におけるカウンセリングの実際……………………………131
1. 問題解決に向けたカウンセリングのプロセス（131）2. 4 種類のソーシャルサポート（133）3. 危機におけるカウンセリング（134）

第4節　実践に向かって——実践における留意点………………………135
1. 現在のスタンダードに基づいて援助する（135）2. 多職種連携を意識する（135）3. 子どものウェルビーイングに着目する（136）

第10章　課題予防的・発達支持的教育相談
　　　——不適応を防ぎ，強いこころを育てる………………………138
第1節　問題を未然に防ぐことの大切さ…………………………………138
第2節　問題などのきざしが見られる子どもの早期発見を目指す…139
第3節　学校で用いられているアプローチ方法…………………………139
1. ソーシャル・スキル・トレーニング（141）2. ストレス・マ

ネジメント（142）3. ピア・サポート（144）

　第4節　発達支持的教育相談と課題予防的教育相談…………………144

　　　　1. 具体的なプログラムの一例と概要（144）2. スキルを定着さ

　　　　せるためのあらたな試み（145）3. 予防教育プログラムの一例

　　　　（146）

　第5節　実践に向かって──問題を未然に防ぐ視点を学校教育へ……148

　　　　1. 発達支持的教育相談から課題予防的教育相談につなげる

　　　　（148）2. 子ども同士の交互作用を大切に（148）3. 未来を見据

　　　　えて（149）

## 第11章　学校内外の連携

　　　　──保護者とのかかわり，教員同士の関係，関係機関との協力……151

　第1節　保護者との連携とその実際…………………………………151

　　　　1. 保護者への直接支援（151）2. 保護者を介した対象児童生

　　　　徒への間接的支援（153）3. 保護者との連携に役立つヒント

　　　　（155）

　第2節　学校内の関係者との連携とその実際………………………156

　　　　1. 学校内教員との関わり方（156）2. 学校内相談専門職との

　　　　関わり方（157）3. 教員同士の関係性構築（157）

　第3節　学校外の関係機関との連携とその実際 ……………………160

　　　　1. 学校外関係機関との連携（160）2. 学校外専門機関との連携

　　　　の際に配慮すべきこと（160）

　第4節　実践に向かって──よりよい学校内外の連携を目指して……162

　　　　1. 保護者同士の関係性サポート（162）2. 校内研修会・講演会

　　　　の開催（163）3. コーディネート力を発揮する（164）4. 長期

　　　　視野に基づく支援計画（164）

### 第Ⅳ部　教育相談の実習

## 第12章　カウンセリングの実践を目指して──体験を通して学ぼう………166

第1節　カウンセリングの基礎 ……………………………………166

1. 傾聴する力（166）2. 傾聴する姿勢（167）3. 傾聴する環境
（168）4. 自分をみつめて自分を知る（169）

第2節　教育相談とカウンセリング ………………………………170

1. 治すカウンセリングと見守るカウンセリング（170）2. 安
全で安心な環境と“わかる”というメッセージ（171）

第3節　集団を対象とした心理的支援 ……………………………172

第4節　実践に向かって──充実した支援を目指して ……………174

解　　答 ………………………………………………………………180

索　　引 ………………………………………………………………185

［改訂版］
# 実践につながる
# 教育相談

第Ⅰ部　教育相談の基礎

# 序　教育相談の概要
## その定義，種類，基本的な進め方

> 教育相談とはどのような教育活動でしょうか？　もっともイメージされやすいのは，悩みを抱えている児童生徒に面談を行うことではないかと思います。たしかにこのような面談は教育相談の活動に入りますが，それは一部分にすぎず，実際にはより広く多様な活動が含まれます。
> 本章では教育相談の全体像をつかむために，その定義，種類，進め方等を説明します。本章を通して教育相談の概要を確認しましょう。

 **第 1 節　教育相談の目的と定義**

　教育相談は**生徒指導**の一環として行われる教育活動です（文部科学省，2022）。そのため，教育相談と生徒指導それぞれの目的と定義を理解し，両者の関係を把握しておくことが大切です。それぞれの目的・定義をみてみると，以下の通り多くの共通点があることがわかります。

　まず両者の目指すところは同じであり，どちらも「児童生徒が将来において社会的に自己実現できるように支えること」を最終目的として，「社会的な自己実現のために必要な資質・能力・態度を育てること」を具体的な目標にしています（文部科学省，2022，p.80）。社会的な自己実現とは，社会に受け入れられる自己実現（独りよがりの自己実現ではなく，社会の一員であることを前提とした自己実現）を指します。

　目的が同じであるため，両者の定義にも共通性がみられます。生徒指導とは「児童生徒が，社会の中で自分らしく生きることができる存在へと，自発的・主体的に成長や発達する過程を支える教育活動」と定義され，「児童生徒一人一人の個性の発見とよさや可能性の伸長と社会的資質・能力の発達を支える」活動とされます（文部科学省，2022，pp.12-13）。他方，教育相談は「幼児，児童及び生徒が自己理解を深めたり好ましい人間関係を築いたりしながら，集団の

中で適応的に生活する力を育み,個性の伸長や人格の成長を支援する教育活動」と定義されます(文部科学省,2017)。これらの定義から,どちらも社会的な自己実現に欠かせない個人的な資質・能力(個性,自己理解等)と社会的な資質・能力(人間関係,集団適応力等)を育てる活動であるとわかります。

このように両者は共通性の多い教育活動ですが,それぞれに対する見方には違いがみられます(文部科学省,2022)。つまり,生徒指導は「①クラスや学校の児童生徒全体に対して,②規範意識や集団適応力等の社会的な資質・能力が身につくように,③一斉指導を行うこと」とみられやすいのに対して,教育相談は「①児童生徒一人ひとりに対して,②個性や自己肯定感等の個人的な資質・能力が育つように,③個別援助を行うこと」とみられやすい傾向があります。

この違いは教育相談と生徒指導それぞれの特徴や意義を表しています。教育相談の特徴は,一人ひとりの子どもと個別に向きあい,個々の人間的な成長と発達を支えるところにあるといえるでしょう。このことは生徒指導を進める上で重要な意味をもっています。この点については第5節で詳しく説明します。

## 第2節 教育相談の種類

教育相談は,その対象と内容によって,4つの種類(4層)に分かれます(図0-1)

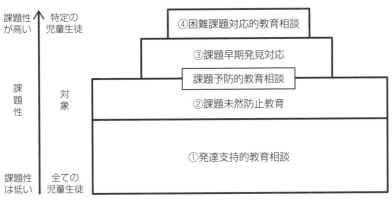

図0-1 4つの層から成る教育相談

（文部科学省，2022）。なお，これら4つは生徒指導の4層支援構造（文部科学省，2022，p.17）に対応しています。

　**発達支持的教育相談**は，すべての子どもを対象にして，社会的な自己実現に必要な資質・能力を身につけられるように支援する教育活動です。この資質・能力は上述した個人的および社会的な資質・能力を指しています。発達支持的教育相談は児童生徒の成長・発達の土台を作る（名称の通り児童生徒の「発達」を「支える」）重要な教育活動であり，図0-1の通り4つの層の最下層に位置づけられています。したがって，特別活動や教科学習等の通常の教育活動のなかで「クラスの全員」に行っていきます。たとえば，ロング・ホームルームの時間に，自己理解や他者理解を深めることを目的として**構成的グループ・エンカウンター**を行うことなどがあげられます（第8章も参照）。教育相談は一部の困っている子どもへの対応だけでなく，すべての子どもの成長と発達を支える活動でもあるということをここで確認しましょう。

　**課題未然防止教育**もすべての児童生徒を対象にしていますが，こちらは課題（例：不登校・非行・いじめなど）の発生を未然に防ぐことを目的にした教育活動です。発達支持的教育相談よりも課題発生のリスクを意識した活動といえます。たとえば，クラス全員にいじめ防止の授業を行うことがあげられます。

　**課題早期発見対応**は，課題の兆候がみられる一部の子どもを対象にして，課題の進行を防ぐことを目的とした活動です。たとえば，欠席が増えるなど不登校の兆候がみられる児童生徒を早期に見つけ出して支援することがあげられます。これにより進行しつつある課題が深刻な状態へと発展するのを防ぎます。なお，課題未然防止教育と課題早期発見対応は，それぞれ課題の発生と進行を予防する教育活動であることから，両者を合わせて**課題予防的教育相談**と呼びます（第10章も参照）。

　最後に，**困難課題対応的教育相談**とは，困難な課題に直面している特定の子どもを対象にして，課題の解決を行う活動です。たとえば，不登校になってしまった子どもを支援することです。困難課題対応的教育相談では，学校内外の教職員が連携して，1人の子どもをチームで支援していきます。この実際については本書の全体にわたって説明されています。

14　第Ⅰ部　教育相談の基礎

教育相談の定義と目的を実現するためには，これら4つの教育相談を学校全体で進めていくとともに，一人ひとりの教員が各教育相談の主旨を理解した上で実践していく必要があります。これらの点について次で詳しく説明します。

##  教育相談の進め方1──学校全体で進める教育相談について

4つの教育相談活動は，学校全体で組織的・計画的に，また，教職員同士で連携しながら進めます。このような「組織性」「計画性」「連携」は，<u>教育相談の実効性を高めるために</u>（教育相談を形だけで終わらせるのでなく，本当の意味で実りあるものとするために）必要です。組織性・計画性・連携が必要とされている理由を最初に確認しておきましょう。

### 1. 教育相談の組織体制

教育相談を学校全体で進めていくためには組織体制が必要です。この組織体制として各学校には**教育相談部**（または，教育相談係等）が整備されています。教育相談部は**校務分掌**の1つとして位置づけられますが，それは単なる人の集まりではなく，教育相談を全校的に推進する機能や役割を果たすものです。教育相談部の具体的な活動内容を表0-1に示しました。

教育相談部のメンバーには，**教育相談コーディネーター**（教育相談担当），**生徒指導主事**（生徒指導担当），**学年主任**，**養護教諭**，**特別支援教育コーディネーター**，**スクールカウンセラー**（SC），**スクールソーシャルワーカー**（SSW）等が入ります。このうち，教育相談コーディネーターは表0-1に示された活動を実効的に機能させる重要な役割を担います。

表 0-1 教育相談部（係）の活動の例

気がかりな児童生徒に関する情報収集を行い，学校内で共有を図る
学校内外の関係者との連携のための調整や連絡を行う
必要に応じて児童生徒や保護者に教育相談を行う
教育相談活動の年間計画を作成し，実施する
校内研修会を計画し実施する
ケース会議やスクリーニング会議を開催する

## 2. 計画的に進める教育相談

　教育相談は，実効性を高めるために，**PDCA サイクル**（Plan-Do-Check-Act cycle）に沿って進めます（文部科学省，2022）。具体例を図 0-2 に示しました。

　図の左側「発達支持的教育相談」と「課題未然防止教育」では，まず全校の児童生徒の実態を把握し，課題等を明確にします。その上で，これら 2 つの教育相談活動の**年間計画**を作成します。この時，年間を通してどのような目標のもとでどのような取組を行うかを明確にします（以上，PDCA の P の部分）。たとえば，全校的に「暴力的な行動が多い」という実態があり，その背景に「児童生徒の自己制御能力や視点取得能力が育っていない」という課題があったとします。この時，これらの能力を育てる全校的な取組を考え，それらを年間を通して体系的に実施できるように計画します。このようにして計画が定まったら，それを実行に移します（D）。取組が終わったら成果と課題を分析し（C），分析結果を次年度の計画に活かします（A）。これら一連の活動は教育相談部が中心となって進めます。

　図の右側「課題早期発見対応」と「困難課題対応的教育相談」では，特定の（なんらかの課題を抱えた）児童生徒を対象にしていますが，この時にも PDCA サイクルに沿って支援を進めます。まず，教育相談コーディネーター等が中心となって**ケース会議**を開催し，対象児童生徒の**アセスメント**（心理特性や心理状態の査定や見立て；第 7 章参照）を行います。アセスメントは支援の成否を左右する

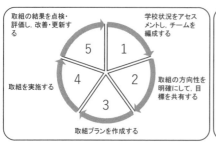 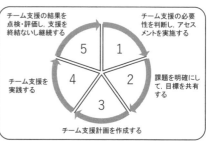

**図 0-2　PDCA サイクルに沿った教育相談の進め方：発達支持的教育相談と課題未然防止教育の場合（左）と課題早期発見対応と困難課題対応的教育相談の場合（右）**（文部科学省，2022 を一部改変して作図）

重要な作業であるため，関係する教職員が協力して複数の目で行います。アセスメントにより児童生徒の状態が明らかになったら支援の目標・内容・方法を検討します。なお，支援の目標は**短期目標**と**長期目標**に分け，児童生徒や保護者の希望や意向が反映されるようにします。また，できるだけ具体的な目標を設定します（抽象的な目標だと達成状況を評価しにくくなるため）。以上のことを**支援計画**としてまとめます（以上P）。支援計画が定まったらそれを実行し（D），一定期間後に支援の効果を評価します（C）。効果の判断はケース会議において行い，効果があった場合には継続もしくは終結し，なかった場合には支援計画全体を見直してあらたな計画を考え実行します（A）。

### 3．連携によりチームで進める教育相談

4つの教育相談は学校内外の関係者が**連携**して**チーム**で進めます。このチーム支援は役割分担のもとで行います。たとえば，課題未然防止教育としていじめ防止教育を行う時には，教育相談コーディネーターがSCの協力を得ながら計画を考え，担任や教科担任等がそれを実行します。また，困難課題対応的教育相談として不登校の児童生徒を支援する時には，SCが児童生徒や保護者の面談を行い，教育相談コーディネーターがスケジュール調整を行い，学級担任は児童生徒との信頼関係の構築や学級づくりを進めます（文部科学省，2022）。

 **第4節 教育相談の進め方2——一人ひとりの教員が進める教育相談について**

このように学校全体で教育相談を進めますが，実際にそれを実行するのは一人ひとりの教員です。ここでは各教員が進める教育相談について説明します。

各教員はそれぞれの立場を活かしながら教育相談を進めます。たとえば，学級担任はクラスの児童生徒と多くの時間を一緒に過ごすため，教育相談をもっとも効果的に進められる立場にいます。この立場を活かして日常的に児童生徒の発達・成長を支えたり，課題の早期発見・対応に努めたりします。具体的には，ホームルームの時間等で児童生徒に肯定的な言葉をかけたり（発達支持的教育相談），児童生徒の「変化」（その子の以前の様子との違いや他の子どもたちとの違い）

表 0-2　各教員が教育相談を行う時の一般的な留意点と本書の各章との対応（留意点は文部科学省，2010, 2022 等を参考にして作成）

①日頃から児童生徒との信頼関係づくりに努めること（第 1・8・9・12 章など）
②「課題対応的な視点」だけでなく，「発達支持的な視点」と「課題予防的な視点」をもち，「すべての児童生徒」に対して教育相談を進めていくこと（本章・第 10 章など）
③面談等においてカウンセリング・マインドをもち，カウンセリング的な技法を活用すること（第 8・9・12 章など）
④児童生徒の変化を見逃さないように観察し，一人ひとりの SOS のサインに気づくこと（第 1・2・10 章など）
⑤課題を抱え始めたり抱え込んだりしている児童生徒のアセスメントを適切に行うこと（第 1～7 章など）
⑥児童生徒の課題と支援の目標を明確にした上で計画的に（PDCA サイクルに沿って）教育相談を進めていくこと（本章，第 4～6 章）
⑦1 人で抱え込まず学校内外の関係者と連携しながら教育相談を進めること（第 11 章等）
⑧守秘義務について理解し，遵守すること（第 11 章）

に気づけるように一人ひとりの言動・表情・服装等を観察したり（課題早期発見），変化に気づいたらすぐに個人面談を行ったりすることです（課題早期対応）。他方，養護教諭はクラスではなく保健室を運営しています。保健室は校内のすべての児童生徒に開かれた場所であり，子どもたちが安心して心の内を話せる場所です。また，「身体の不調をよく訴える」「つめかみやかきむしりの痕がある」「不自然なけがで来室する」等，身体に表れるサインや児童虐待の兆候を発見できる場所でもあります（文部科学省，2010）。こういった保健室の特質を活かして効果的に教育相談を行うことが養護教諭に求められています。

教育相談を進める時に各教員が留意すべき点を表 0-2 にまとめました。具体的な進め方は各章で説明されています。対応する章を確認してください。

 ## 第 5 節　教育相談の意義と課題

教育相談の「相談」という用語は，counseling の訳語です。ここからわかる通り，教育相談は児童生徒の個別性（一人ひとりの違い）を大切にする営みであり，カウンセリング的なかかわりによって一人ひとりの内面の変化を促していく活動です。こうした視点と方法をもつ教育相談には次の意義があります。第

1に，教育相談は生徒指導の理念を実現するためになくてはならないものです。生徒指導の理念（目的と定義）は「児童生徒が社会のなかで自分らしく生きていけるように，一人ひとりの自発的で主体的な成長・発達を支えること」であり，このことを真に実現するためには上述した教育相談の視点と方法が不可欠です。第2に，教育相談は，多様化・複雑化している子どもの課題に適切に対応するためになくてはならないものです。たとえば，一口に不登校といってもその背景は複雑であり，発達障害や精神障害等が隠れていることもあります。このような事例に適切に対応するためには，一人ひとりの課題の背景を的確に把握できる力と，外部機関と綿密に連携できる力が必要です。つまり，教育相談におけるアセスメント力や判断力・連携力が欠かせないのです（文部科学省，2022）。

　その一方で課題もあります。たとえば，学校現場では時として生徒指導と教育相談が対立するものとしてみられることがあります。具体的には，指示や統率といった生徒指導的なかかわりを重視する教員からは「教育相談は子どもの話にただ耳を傾けるだけで指導をしない」とみられ，傾聴や共感といった教育相談的なかかわりを重視する教員からは「生徒指導では子どもをただ指導する

＊コラム＊
　教育相談の課題として次の点もあげられています（文部科学省，2010）。第1に，教員と児童生徒の普段の人間関係が教育相談に影響する（場合によっては児童生徒が安心して相談できなくなってしまう）という点です。教員はこのことを十分に考慮し，もし大きな影響がある場合には児童生徒が安心して話せる教職員（SC等）に担当を依頼します。第2に，いわゆる「問題行動」（たとえば暴力）を起こした児童生徒にどう教育相談を行うかという点です。こうしたケースでは「指導的なかかわり」が欠かせませんが，それと同時に「教育相談的なかかわり」を行うことが難しいと感じられることがあります。この2つのかかわりは必ずしも対立するものではなく，たとえば問題行動の背景を児童生徒の視点で理解して受け止めてから（教育相談的なかかわり），説諭を行う（指導的なかかわり）といった対応が可能です。しかし実際に同一人物が2つを同時に行うことは容易ではないかもしれません。その場合には他の教職員と連携し，役割分担して対応を行います。

序章　教育相談の概要

だけで子どもの心にしっかり耳を傾けない」とみられることがあります。

第1節で述べた通り生徒指導と教育相談の目的は同じであり，この目的を達成するためにはどちらのかかわりも欠かせません。「生徒指導的なかかわりか，教育相談的なかかわりか」と二者択一で考えるのではなく，両者を調和させながら一体的に実践していくことが求められています（文部科学省，2022，p.80）。

それでは両者を調和させるためにどうすればよいでしょうか？　『生徒指導提要』（文部科学省，2022）では次のことが必要だと指摘されています。つまり，「指導や援助の在り方を教職員の価値観や信念から考えるのではなく，児童生徒理解（アセスメント）に基づいて考えること」「児童生徒の状態が変われば指導・援助方法も変わることから，あらゆる場面に通用する指導や援助の方法は存在しないことを理解し，柔軟な働きかけを目指すこと」「どの段階でどのような指導・援助が必要かという時間的視点を持つこと」です（p.80）。これら3つの点を実践することがこれからの生徒指導・教育相談に求められています。

（黒田　祐二）

### 【引用文献】

文部科学省（2010）．生徒指導提要
　https://www.mext.go.jp/a_menu/shotou/seitoshidou/1404008.htm

文部科学省（2017）．教職課程コアカリキュラム
　https://www.mext.go.jp/component/b_menu/shingi/toushin/__icsFiles/afieldfile/2017/11/27/1398442_1_3.pdf

文部科学省（2022）．生徒指導提要
　https://www.mext.go.jp/content/20230220-mxt_jidou01-000024699-201-1.pdf

# 課題を抱えた子どもの理解と支援
## その基本的な視点

　教育相談の基本は，一人ひとりの子どもをしっかり理解し，一人ひとりに合った支援を行うことです。たとえば，同じ不登校の子どもでも，その背景や心理状態はまったく異なります。背景や心理状態の異なる子どもに同じ理解，同じ対応をしていたのでは，うまくいきません。
　言い換えると，教育相談には「こうすればどの子どもも良くなる」という画一的で一般的な正解はないということです。教育相談における正解は，はじめから存在するのではなく，一人ひとりの子どもをよく理解し，一人ひとりの子どもとしっかり関わるなかで導かれるものです。
　教育相談はこのようにきわめて個別的な活動ですが，その一方で，一人ひとりの子どもの理解やかかわりをスムーズにさせる基本的な視点があるとも考えられます。本章では，心理・発達的な課題を抱えた子ども――たとえば，友人関係がうまくいかず不登校になっている子どもや集中力が続かず授業についていけない子ども――の理解とかかわりの視点について述べます。

 ## 第1節　適応と不適応

　課題を抱えてつまずいている子どもは，学校にうまく適応することができず，不適応な状態に陥っていると理解することができます。この適応・不適応という概念は教育相談の重要な概念ですので，最初にこれらを説明します。

### 1．適応・不適応とは？

　私たちは生活のなかでさまざまな環境の変化を経験します。児童生徒でいえば，進学や進級に伴う生活環境の変化はその代表的なものです。環境の変化を経験した時，人はそれに対応しようとします。たとえば，進学して新しい友人関係を作る時，自分とフィーリングの合う友だちを探したり，友だちとうまくやっていけるように相手に合わせたりすることでしょう。こうした対応によっ

て，私たちは変化する環境のなかでこころを安定させることができます。

このように，環境に自分を合わせたり（例：友だちに自分を合わせる），環境を自分に合わせたりする（例：自分に合う友だちを探す）ことで，環境と自分とのあいだに調和のとれた関係を保つことを**適応**といいます。適応には，外的適応と内的適応の2種類があります。**外的適応**とは，自分の外の環境とうまく関われていることを指します。たとえば，友だちとの関係がうまくいっている時，外的に適応しているといいます。他方，**内的適応**とは，自分の内側の欲求が満たされ（あるいは不満を感じることなく），こころが安定していることを指します。たとえば，友だちがいなくても（外的に適応できていなくても），「自分はこれでいい」と満足できていれば，その人は内的に適応しているといえます。逆に，友だちがいても（外的に適応できていても），「自分の言いたいことが言えない」「気遣いが多くて疲れる」と感じているなら，その人は内的に適応していないことになります。一般に，外的適応と内的適応の両者が達成されている時，人と環境とがもっともよい関係にある，すなわち，十分に適応しているといえます。

これに対して，適応がうまくできていないことを**不適応**といいます。私たちが深刻な不適応に陥っている時，こころは強いストレスを感じ，不安定な状態になります。そして，こころのストレスや不安定状態は，さまざまな形となって現れます。たとえば，不安や抑うつ，怒りといった心理的な反応として現れるだけでなく，腹痛や吐き気など身体的な反応として現れることもあります（**身体化**）。また，自分を傷つける（例：リストカット），他人を傷つける，物を壊すといった，深刻な行動として現れることもあります（**行動化**）。身体化や行動化は，子どもがこころの葛藤や悩みを誰かに伝えることができずに，積もり積もって表に現れたものとして理解することができます。つまり，これらの反応は，子どもが発するSOSのサインであると理解できます。教育相談ではこのサインにいち早く気づき，素早く対応することが求められます（第10章参照）。

## 2. 発達段階ごとの不適応とつまずき

不適応やつまずきには発達段階ごとに現れやすいものがあります。それらを表1-1にまとめました。このなかには，**小1プロブレム**や**中1ギャップ**のよ

表 1-1　児童期と青年前期にみられる主な不適応・つまずきとその背景

| 発達段階 | | 不適応やつまずき | 背景 |
|---|---|---|---|
| 児童期 | 小学 1・2 年生<br>（7〜8歳） | ・小 1 プロブレム<br>・発達障害の顕在化<br>　（これ以降もみられる）<br>・友だち関係のトラブルやストレス（これ以降もみられる） | ・小学校入学に伴う環境の変化<br>・学習・集団行動・友だち関係がうまくできないことで気づかれる<br>・親子関係から友だち関係へと接触頻度や重要性が高まるが，社会性やソーシャル・スキルの獲得が経験的に十分でない（獲得しつつある段階である）ため・発達障害が背景にあることもある |
| | 小学 3・4 年生<br>（9〜10歳） | ・9 歳の壁 | ・学習内容が高度になることで，学力の個人差がはっきりし始める |
| | 小学 5・6 年生<br>（11〜12歳） | ・学業不振（これ以降もみられる）<br><br>・身体の変化や性へのとまどい | ・学力の個人差がはっきりする。それまでの学習の積み重ねの違いが現れる<br>・第 2 次性徴の開始 |
| 青年前期 | 中学生<br>（13〜15歳） | ・中 1 ギャップ<br>・不登校や非行の増加<br><br><br>・自己嫌悪感の増加<br>　（これ以降もみられる）<br><br><br>・否定的評価懸念の高まり<br>　（これ以降もみられる） | ・中学校入学に伴う環境の変化<br>・学業，友だち・親子関係，学校やクラスの環境，それまでの発達状況など，さまざまな要因が複雑に関わっている（第 4・6 章）<br>・自我同一性の確立に向けた模索，自己理解と自己洞察の力の発達，現実自己と理想自己とのギャップの認識，など<br>・公的自己意識の高まり |
| | 高校生<br>（16〜18歳） | ・進路の悩み | ・卒業後の進路決定に迫られる。将来を見据えた生き方の模索 |

うに，新しい環境に移行する**環境移行**の時に現れやすいものがあります。また，身体の変化や性へのとまどい，自己嫌悪感のように，心身の健全な発達に伴って現れるものもあります。たとえば，身体の変化や性へのとまどいは，**第 2 次性徴**の開始という身体の健全な発達に伴って生じるものであり，青年期の自己嫌悪感は，**自我同一性の確立**に向けての模索のなかで起こりやすいものです。これらは不適応というよりむしろ，**発達課題**に取り組むなかで誰もが経験するつまずきであり，子どもがおとなへと成長するために必要な経験であると理解できます。このように，教育相談では子どもの発達段階とその発達段階で直面する発達課題を頭に入れておくことが大切です。そして，発達課題でつまずい

■■■■　第 1 章　課題を抱えた子どもの理解と支援 | 23

ている子どもと関わる時は，すべてに手をさしのべてしまうのではなく，彼らがそれをみずから乗り越えていけるように支えていくことが大切です。

### 3. 不適応の見方

　人は環境の変化にうまく対応できないと不適応に陥ります。たとえば，先述した小1プロブレムや中1ギャップは，学校生活環境が大きく変化し，子どもがその変化にうまくついていけないために起こる現象です。環境の変化が大きければ大きいほど，その分多くのエネルギーと対処の工夫が必要とされるため，不適応が起こりやすいのです。

　このことは，不適応の発生には，子どものなかの特性（たとえば，性格的，能力的なもの）だけでなく，子どもの外側の環境条件が大きく関わっていることを示しています。不適応は，子どもと環境とのかかわり（相互作用）のなかで起こるものであり，子どもたちの課題やつまずきを理解する時にはこの相互作用的な視点をもつことが大切です（第2節の1も参照）。

 ## 課題を抱えた子どもの理解

　ここまでの説明をふまえつつ，心理・発達的な課題を抱えた子どもをどう理解するかについて考えていきます。

　課題を抱えた子どもと関わる時にもっとも大切なことは，一人ひとりをしっかり理解することです。なぜならその子をどう理解するかによってその子をどう支援するかが決まるからであり，理解が間違うと支援も間違ったものになるからです。

　本来，子どもの理解は，その子との双方向のコミュニケーションのなかで行われます。そして，それは1回で終わるものではなく，その子とのかかわりのなかで見直しと修正がくり返されます。最初理解していた子どもの姿とかかわりのなかで理解したその子の姿とが，まったく違ったものになることはよくあることです。子どもを十分に理解するためには，その子の理解を見直したり修正したりする必要があるということをまず頭に入れておきましょう。

その一方で，子どもとのかかわりのなかでその子のどこに注目すればよいかわからないということもあるでしょう。そこで本節では，そのような時の助けとなるような子ども理解の視点を紹介します。説明をわかりやすくするために，次のAさんを事例として取り上げます。

＊事例＊
小学2年生のAさんは，授業中に集中して話を聞くことができず，そわそわして落ち着きがなく出歩いてしまったりする。他の子はしっかり授業を受けられているのに，Aさんだけそれができない。担任教師は問題が起こる度にAさんに注意するが，注意した直後に集中できても，それが続かない。そればかりか，担任教師の注意に対して「わかってるよ！」と怒りの声をあげることもある。

## 1．子どもの課題やつまずきを詳しく多面的に把握すること

医師が患者を治療する時，①まず症状を詳しく正確に把握し，②そこから原因をつきとめます。症状と原因がわかることで，適切な治療法を見出せるためです。医療と教育を同じと見なすことはできませんが，似たようなことが課題を抱えた子どもを理解する時にもあてはまります。つまり，①その子の課題やつまずきを詳しく把握し（たとえば，その子は具体的にどのようなことで困っていてどのような行動や反応を示しているか，気になる行動がいつ・どのような場面で・どのくらいの頻度で現れるか，過去の様子はどうで現在に至るまでにどう変化してきたか），②それらの課題やつまずきの背景にある要因を多面的に検討することです（たとえば，その時その場面でなぜそうしてしまうのかを，その子の内部の要因だけでなく外部の環境要因にも注目して検討する，問題行動の最初のきっかけだけでなくそれを維持・強化させている要因についても検討する）。事例で説明すると，Aさんはどのような授業のどのような場面で集中できないか，その時具体的にどのような行動や反応を示すか，その時どうして集中できないか（たとえば，Aさんの認知機能や知的能力の問題なのか，学習意欲の問題なのか，あるいは，その時の授業内容や教師の行動，教室環境が関係しているのか）などを詳しく多面的に把握することです。このように課題やつまずきを詳しく把握することは，それが発達の過程で見られる一時的なものなのか，

第1章　課題を抱えた子どもの理解と支援　25

それとも，発達障害など専門的な対応が必要とされるものなのかを見極めるためにも大切です。なお，課題やつまずきの背景要因を客観的に把握するために，心理検査や発達検査が用いられることもあります。

　このようにその子の状況を詳しく把握しますが，この時に注意してほしいことが2つあります。1つ目は，教師の目線ではなく子どもの目線でその子の状態を把握することです。私たちは，うまく行動できない子を「困った子」ととらえてしまうことがあります。たとえば，Aさんを「授業の進行を妨げる困った子だ」ととらえてしまうことです。このようなとらえ方をしているあいだはその子の表面しか理解することができず，支援もうまくいきません。「一番苦しんで困っているのはその子である」と理解することをかかわりの出発点としてください。

　2つ目は，つまずきの原因のとらえ方です。子どもがうまく行動できない時，私たちはその原因が子どものなかにある（「その子の××のせいだ」）と考えてしまいがちです。しかしながら，第1節の3で述べた通り，つまずきは「子どもと環境との相互作用」によって起こるものであり，つまずきの原因の一端は環境のなかにもあります。事例で説明すると，Aさんの気が散りやすいのは，「Aさんの注意力の問題」だけでなく，「教室に（Aさんの注意を引きつける）さまざまな刺激があること」も原因として考えられます。そのため対応では，「子ども自身」を変えようとするだけでなく，子どもがうまく行動できるように「環境」を整えることが必要です。事例で説明すると，Aさんの注意力が高まるようにAさん自身を指導すると同時に，教室内の余計な刺激を取り除いたり隠したりすること（子どもが集中できる教室環境を整えること：**環境調整**）が必要です。

　原因のとらえ方でもう1つ注意したい点は，心理・発達的なつまずきの原因は非常に複雑であり，身体的な病気のように明確に特定することが難しいという点です。そのような時「原因探し」に終始すると，肝心の問題解決が進まなくなります。このような時は，つまずきの原因を考えることから離れて，「その子がうまくいっているところ」や「その子がなっていたいと思う未来の姿」に着目し，解決の道を探っていくことが大切です。この点については次で詳しく述べます。

26　第Ⅰ部　教育相談の基礎

## 2. 「問題なところ」だけでなく「問題ではないところ」も理解すること

　子どもの問題状況を詳しく把握することは重要ですが，それだけでは彼らをしっかり理解したことにはなりません。なぜなら，その問題状況はその子の「すべて」を表しているのではなく「一部分」を表しているにすぎないからです。問題を抱えた子どもを目の前にすると，どうしてもその子の「問題なところ」ばかりが目についてしまいます（「この子はいつも××してしまう」といったように）。しかし，その子を注意深く観察してみると，「問題ではないところ」がたくさんあります（「いつも××するわけではなく，むしろ××しないことの方が多い」）。この「問題ではないところ」をさらによく見ると，実はその子が「できていること」「うまくいっていること」「頑張っていること」が必ずあります。このように，「問題ではないところ」にこそ，その子が良くなっていくためのヒントが隠れているのです（コラムへ）。

　このことを，Aさんを例に考えてみましょう。Aさんのような子を目の前にした時，私たちは，「授業中に集中できない」という問題状況に注目し，「それ以外のところ」にはなかなか目が向けられなくなってしまいます。しかし，

> ＊コラム＊
> 　課題を抱えた子どもを支援する時の視点には，大きく分けて，**問題志向的なアプローチ**と**解決志向的なアプローチ**があります（黒沢，2002；森，1998）。問題志向的なアプローチとは，「問題（うまくいっていないこと）」と「その原因」を理解し，原因をなくしていくことで問題を直していこうとするかかわりです。1で説明したことはこのかかわりに含まれます。他方，解決志向的なアプローチとは，問題や原因ではなく，「うまくいっていること」（**例外**といいます）やその子の**リソース**（その子の興味・関心，個性，得意なこと，その子とつながっている人たちなど，解決に結びつく可能性を秘めたあらゆるものごと）を積極的に見つけ出して，これらを「その子がなっていたいと思う未来の姿」に向けて活用していくかかわりです。2で説明したことはこのかかわりに含まれます。子どもと関わる時はさまざまな視点をもっているとよいので，これら2つを頭に入れておきましょう（第8章も参照）。

第1章　課題を抱えた子どもの理解と支援　　27

Aさんは，「いつも」「あらゆる場面で」集中できないわけではありません（そのようなことは現実的にありえません）。「いつどのような場面で集中<u>できないのか</u>」ではなく，「いつどのような場面で集中<u>できているのか</u>」といったように，また，「なぜ集中<u>しようとしない</u>のか」ではなく「集中<u>しようとしている</u>ところはないか」といったように考え方を変えてみると，Aさんの別の面がみえてきます。たとえば，教師の話を聞く場面では集中できないけれども，体を動かす作業の場面では集中できる，教師が叱るだけの時はふてくされるけれども，きちんとほめた時には頑張れる，などといった発見があるでしょう。

　こうした理解の仕方は，いわば，子どもの「いいところ探し」「がんばっているところ探し」です。このような理解は，「子どもの良いところを伸ばしていこうとするかかわり」となり，子どもを認めたり励ましたり褒めたりする肯定的なかかわりにつながっていきます。その一方で，1で説明した理解の仕方は，いわば「問題探し」「原因探し」です。このような理解は，「悪いところをなくしていこうとするかかわり」となり，子どもを注意したり叱ったりする否定的なかかわりにつながっていきます。そして，注意や叱責ばかりであると，課題を抱えていきづまっている子どもはますます追い詰められ，かえって状況が悪化していきます。子どもが前向きに，自信をもって自分の課題に取り組めるようにするためには，できていることや頑張っているところを探して認めたり励ましたりすることが大切です。

### 3. 表に現れた「言動」だけでなく表に現れない「内面」にも目を向けること

　人の行動や発言は表に現れたものであり，見たり聞いたりできるものであるため，私たちの注意はそこに向かいやすくなります。Aさんのような課題を抱えている子どもの言動は，他の子のそれと比べると目立つため，いっそう注意が向かいやすくなります。その結果，彼らをもっぱら表面的な言動に基づいて理解することになります。

　しかしながら，子どもをしっかり理解するためには，その子の内面の気持ちや考え，意思や希望にも目を向けてみることが大切です。たとえば，その子の行動や発言の背景にはどのような気持ちが隠れているでしょうか？　彼らは自

分の現状や自分の行った行為についてどのように思っているでしょうか？　あるいは，彼ら自身どうなりたいと思っているでしょうか？

　具体的にＡさんを例に考えてみます。少ない情報ですが，Ａさんの内面としていくつかのことが読みとれます。たとえば，「注意された直後は集中する」ことから，Ａさんは自分に求められていることがわかっていて，教師の注意を彼なりに聞こうとしているとわかります。また，「わかってるよ！」という怒りの発言は，「教師への反発」とも読みとれますが，「自分でも集中しないといけないと思っているけど，それができずにイライラしている」という「自分自身へのいらだち」とも読みとれます。あるいは，「頑張っている自分をもっとわかってほしい」という「教師へのメッセージ」とも受けとれます。

　子どもの行動だけを見て，教師の目線でその行動を評価した時，彼らを「問題児」「困った子」と見なすことになります。行動の背景にある内面のはたらきにも目を向け耳を傾けてみることが大切です。

## 4．発達的な視点で理解すること

　人のこころは，過去から現在，現在から未来へと変化します。たとえば，10年前の自分と今の自分を比べるとその大きな変化に気づくでしょうし，今と10年後の自分にも大きな違いがあるはずです。同時に，現在の自分は過去の自分とつながっており，また，未来の自分へとつながっています。このように，過去・現在・未来と時間軸に沿って人のこころの変化やつながりを理解することが，発達的な視点で理解するということです。

　人のこころが時間とともに変化し，また，つながっているということは容易に理解できますが，課題を抱えた子どもと関わる時，現在のその子の姿にもっぱら注目して，その子の過去や未来とつなげて理解できなかったり，起こった変化を見逃してしまったりすることがあります。彼らの今の状態は，過去のさまざまな経験の積み重ねによって形作られ，また，今の状態はいつまでも同じように続くのではなく良い方向に変化する可能性をもっています。そのため，その子の今の状態が，どのような経験の積み重ねによって作られたのか，どのような小さなことでも何か良い変化がなかったか，そして，これから良い変化

第1章　課題を抱えた子どもの理解と支援　29

が起こるために今どのようなことが必要なのかを考えてみることが大切です。

　具体的に A さんを例に考えてみます。A さんは担任教師に「わかっているよ！」と反発していますが，この背景には，A さんがそれまでの人生で親や教師に叱責され続けてきたという経験の蓄積があるのかもしれません。また，今の A さんを，まわりの子どもたちとではなく過去の A さんと比べてみると，ちょっとしたことでも良い変化やがんばりが見つかるかもしれません。これらは，A さんのことをよりよく理解するための重要な情報になります。

　森（1998）が述べている通り，まわりのおとなが「この子は変わらない」と考えれば，それがメッセージとなって子どもに伝わり，変わる子どもも変わらなくなってしまいます。子どもが良い方向に変わるには，教師がその子の将来の可能性を見つめ，それを子どもに伝えていくことが大切です。

　ここまで，子ども理解の視点をいくつか述べてきました。課題を抱えた子どもを支援する時，まずはその子をしっかり理解する必要がありますが，「子どもをしっかり理解する」とは，その子の一部分を切り取って理解するのではなく，その子の全体を理解するということです。そして，子どもの全体を理解するためには，上述したような多様な視点や柔軟な見方が必要になるといえます。しかし，そのような努力や工夫を行ったとしても私たちの理解には限界があります。この限界を補うために，自分 1 人ではなく他の教職員と協力して「複数の目で」その子をみることが大切です。

　また，私たちは，課題を抱えた子どもを「不適応の子ども」や「問題児」とみなすことがあります。しかし，一見すると不適応にみえる子どもの行動でも，視点や見方を変えると適応的な行動であることがあります。たとえば，「学校に行かないで家にいること」は，教師や親からすると不適応な行動にみえますが，子どもからすると学校でのストレスから心身を守るために必要な行動であることがあります。同じように，問題であると見なされた行動が，見る人や状況によって問題とはならないことがあります。子どもに対する「不適応である」「問題である」という評価（ラベル）は，見方や状況次第で変わるものです。このことも心に留めておきましょう。

30　第 I 部　教育相談の基礎

## 第3節 実践に向かって──子どもの支援について

　最終節では心理・発達的な課題を抱えた子どもの支援について考えます。カウンセリングをはじめとする具体的な支援については第7章以降で説明されますので、ここでは、基本的なことがらについて述べていきます。

### 1．コミュニケーション（双方向の意思疎通）について

　子どもとのかかわりの土台となるのは**コミュニケーション**です。コミュニケーションとは、自分から相手に一方的に意思を伝達する一方通行のものではなく、お互いに伝えたいことを伝えあう双方向の意思疎通を指します。このコミュニケーションはあらゆる教育活動の基礎となるきわめて重要な営みです。

　学校現場にいると、教師として子どもに言いたいことや伝えなければならないことがたくさん出てきます。教師の役割を考えると、これは大切なことです。しかしながら、このような教師としての思いが強すぎて、時として一方通行のコミュニケーションになってしまうことがあります。たとえば、不登校の生徒が久しぶりに登校してきたけれど服装に乱れがあるという時、登校したことに対して肯定的な言葉をかけるのでなく、まっさきに服装の乱れをきつく注意する、といったことがあげられます。本来であれば、その子にとって今一番必要なことは何なのかと「優先順位」を考えてコミュニケーションをとる必要があるのですが、教師としての役割や指導が先行して、これらのことがないがしろにされてしまうのです。こういった意思疎通の不全は、子どもとの**信頼関係**（**ラポール**）を大きく損ないます。関係性を築けていなければ、いかに「子どものため」と思って指導していたとしても、その思いは子どもに届きません。

　課題を抱えて困っている子どもと意思疎通するためには、教師として強く言いたいことや指導したいことをひとまず横においておき、まずはその子がどのような気持ちや思いでいるのかを十分に聴き出し、理解することが大切です。このような**傾聴**と**共感的理解**は、「子どものいいなりになること」でも「子どもを甘やかすこと」でもありません。傾聴と共感的理解は、子どもと十分に意思疎通するために、また、教師の立場で理解していたのではわからない、その

第1章　課題を抱えた子どもの理解と支援　31

子の本当の姿や悩みを理解するために，必要になるのです。

　また，子どもが自分の課題にみずから立ち向かえるようにするには，解決策やその子がすべきことを一方的に押しつけるのではなく，その子がどうなりたいのかを聴き出し，これからどうしていけばよいかをその子と一緒に考えていくことが大切です。このように，課題の解決に向けた話しあいでも双方向のコミュニケーション（**協同作業**）が大切になります。

## 2.「指導」「援助」「支持」というかかわり

　2022 年に改訂された『生徒指導提要』では，児童生徒との関わり方として「指導」（教える），「援助」（助ける），「支持」（支える）の3つを示し，この3つを総称して「支援」と呼んでいます（文部科学省，2022, p.13）。「指導」や「援助」は，とくに子どもが困難な課題を抱えている時（例：不登校になった時）に必要なかかわりです。しかし，答えを教える指導や手を差し伸べる援助だけで子どもの課題が解決するかというとそうではありません。子どもが抱えている課題は他の誰かが代わりに解決してあげられるものではなく，本人でしか解決できないものだからです。そのため，当事者である子どもがみずからの力で課題を乗り越えていけるように，その子に寄り添いながら支えるかかわり（「支持」）が必要になります。

　カウンセリングにおける来談者中心療法や解決志向アプローチでは，悩みを抱えて相談に来た人（来談者）は，無力で何もできないわけではなく，自分が望む未来に向かって変化・成長していく力や資源を潜在的にもっていると考えます。そして，来談者がもっているこういった力や資源を見つけ，引き出し，支えることが支援者の役割であると考えます。このようなかかわりは教育相談でも重要になると考えられます。

（黒田　祐二）

## 演 習 問 題

(1) リストカット（自分で手首を傷つける行為）をする女子生徒がいたとします（他の深刻な行動や症状は見られないとします）。あなたがこの生徒の担任教師であったとして，彼女をしっかりと理解するためには，彼女のどのようなところに目を向ければよいでしょうか。考えてみよう。

(2) 子どもがこころの悩みを誰かに打ちあけたい時，相談しやすい教師と相談しにくい教師がいます。それぞれどのような教師か，考えてみよう。

### 【引用文献】

黒沢幸子（2002）．指導援助に役立つスクールカウンセリング・ワークブック　金子書房

文部科学省（2022）．生徒指導提要

　https://www.mext.go.jp/content/20230220-mxt_jidou01-000024699-201-1.pdf

森俊夫（1998）．ブリーフセラピーのものの見方・考え方　宮田敬一（編）学校におけるブリーフセラピー　金剛出版　pp.27-54.

第Ⅱ部　個別の課題とその支援

# 2 メンタルヘルスの不調
## ストレスおよび精神障害について

　本章では，子どものメンタルヘルスの不調について，「日常的なストレスから起こる不調」と「より深刻な精神障害」の観点から説明していきます。第1節では，ストレスの定義を説明したあと，ストレスから心身が不調になるしくみを説明します。第2節では，代表的な精神障害の症状を説明します。最後の第3節では，子どものストレスの予防と精神障害を抱える子どもへのかかわり，教師のメンタルヘルスについて述べます。

 **第1節　ストレスと心身の不調**

### 1. ストレスとは？

　ストレスという言葉は日常的に使われています。そこで最初に，私たちがどのような時にこの言葉を使うかを考えてみます。まず，ストレスという言葉は，私たちの心と体によくない変化が現れた時に使われます。たとえば，イライラしたり，不安やうつになったり，体が疲れたりした時です。次に，私たちが嫌な出来事（事象や状況）に遭遇した時にこの言葉を使います。たとえば，テストで悪い点をとった時，友人から嫌われた時などです。

　さて，ストレスは学問的にどのように定義されるでしょうか。実は，ストレスが専門用語として使われ始めたのは物理学や工学の分野であり，心理学が最初ではありません。他の学問分野の専門用語をこころの現象に適用したため，心理学におけるストレスの定義は諸説あります。ここでは，さまざまな定義を包括した説明を紹介します。**ストレス**とは，「嫌な（もしくは，自分にとって脅威や負担となる）出来事を経験してからさまざまな心理的・身体的反応が現れるまでの過程」と定義されます。

　なお，定義における心理的・身体的反応は，**ストレス反応**と呼ばれます（表2-1）。そして，ストレス反応のきっかけとなる嫌な出来事は，**ストレッサー**と

34

**表 2-1　ストレス反応の例** (岡安・嶋田・坂野, 1992 の中学生用ストレス反応尺度を参考に作成)

| 心理的反応 | 身体的反応 |
|---|---|
| 感情面：不機嫌，怒り，不安，抑うつ<br>認知面：集中力の低下，自信の喪失<br>意欲面：やる気の低下，根気が続かない | 疲労感，体のだるさ，食欲の低下，よく<br>眠れない，腹痛や頭痛，など |

呼ばれます。これらの用語を使うと，ストレスとは，「ストレッサーを経験してからストレス反応が現れるまでの過程」と言い換えることができます。

## 2. ストレスから心身が不調になるしくみ

　ストレッサーを経験してからストレス反応が生じるまでの過程にはさまざまな要因が関わっています。ラザルスとフォルクマン (Lazarus & Folkman, 1984) は，これらの要因のうち，「認知的評価」と「コーピング（coping；対処）」が重要であると考え，これらを中心要因とした**心理学的ストレスモデル**を提唱しました。以下，このモデルに基づいてストレスのしくみを説明します。

　まず，**認知的評価**とは，出来事をどのように評価するか（出来事のとらえ方）を表す用語です。ラザルスとフォルクマンによれば，認知的評価には，出来事が自分にとってどのくらい脅威や有害（もしくは挑戦）であるかを評価する1次的評価と，その出来事への対処の可能性（どう対処すればよいか，そして，それが自分にできるかどうか）を評価する2次的評価があります。

　認知的評価は，ストレス過程の出発点となる要因であり，私たちがストレスを経験するか否かを左右する重要な要因です。このことを理解するために，「テストで70点をとった」という場面を想像してください。この時，テスト結果のとらえ方は人により異なります。たとえば，「70点ならよしとしよう」と考える人と，「70点しかとれなかった，どうしよう……」と考える人がいたとします（1次的評価の違い）。前者にとっては，テスト結果が自分を脅かす嫌な出来事となりませんが，後者にとっては，それが自分を脅かす嫌な出来事になります。また，後者の人のなかで，「また一生懸命勉強すれば，次の試験で挽回できる」と考える人と，「どうすれば次に良い点をとれるかわからない」と考える人がいたとします（2次的評価の違い）。前者は，対処可能性を高く評価してい

るためテスト結果が負担となりませんが，後者は，それを低く評価しているためテスト結果が大きな負担となります。このように，ある出来事がストレッサーとなるかどうかは，その出来事のとらえ方によって決まるのです（コラムへ）。

　さて，このようにある出来事がストレッサーとなったとしても，それだけでは深刻なストレス反応は起こりません。通常，このようなストレッサーを経験した時，一時的なストレス反応が起こりますが，しばらくするともとの健康な状態に戻ります。たとえば，テストで70点をとって一時的に落ち込んだり不安になったりしても，しばらくすれば元気になります。これは，ストレッサーを経験して心身が不安定になった時，どうにかしてもとの安定した状態に戻そうとこころが対処するためです。このようなこころの対処努力のことを，**コーピング**といいます。コーピングは，心身の安定と適応のための努力といえます。

　ところが，このコーピングがうまくいかないと，一時的なストレス反応が解消されず慢性化・深刻化して，心身が不調をきたします。つまり，コーピングの成否が，深刻なストレス反応が起こるかどうかのカギとなるのです。コーピングを上手に行うためには，いくつかのことが必要になります。第1に，コーピングの方法について複数のオプションをもっておくことです。表2-2にあげた通り，コーピングの方法には，**問題焦点型コーピング**，**情動焦点型コーピング**，**社会的サポートの要請**をはじめとしてさまざまなものがあります。これらを知識としてもっておくことが大切です。第2に，そのオプションのなかから，適切なものを場合によっては複数選んで実行できることです。コーピングの効果は，その人がどのようなストレッサーを経験しているかによって異なります。

---

**＊コラム＊**

　ラザルスとフォルクマンは，認知的評価に影響する要因として，その人がもっている価値づけや動機（目標），自己効力感などをあげています（Lazarus & Folkman, 1984）。たとえば，「テストで良い点を取ることが重要である」「良い点を取りたい」と思っている人ほどテスト結果が脅威となりやすく，また，「やればできる」という自己効力感が低いほどストレッサーに対処できないと考えやすくなります。

36 ｜ 第Ⅱ部　個別の課題とその支援

表2-2 コーピングの方法

| | |
|---|---|
| 問題焦点型コーピング | ストレスの源（ストレッサー）を解決しようとする方法<br>例）失敗の原因を明らかにして、その解決を図る |
| 情動焦点型コーピング | 不快な気持ち（ストレス反応）を和らげようとする方法<br>例）リラクセーションや気晴らし<br>例）ストレッサーを「自分にプラスの経験」と肯定的に評価する |
| 社会的サポートの要請 | まわりの人からサポートを求めること<br>例）アドバイスをもらう（情報的サポート）<br>例）気持ちを理解してもらう（情緒的サポート） |
| その他のコーピングの例 | 回避<br>例）嫌な状況から逃れる。嫌な出来事を忘れる<br>受け入れ<br>例）仕方のないこと、こういうこともある、と考える |

たとえば、失敗の原因がはっきりしていて、それを自分の力で解決できる場合は問題焦点型コーピングが効果的ですが、それを忘れようとしたり逃げたりする回避コーピングは効果的といえません。逆に、自分の力ではどうしようもできない原因の場合、問題焦点型コーピングは効果的といえず、その他の複数のコーピングを組み合わせることが必要でしょう。第3に、子どもの場合、コーピングのオプションや実行経験が少ないため、まわりのおとなが情報的・情緒的なサポートを与えることが大切です。最後に、過剰な、あるいは、衝撃的なストレッサーを経験しないようにすることが大切です。ストレッサーの量が多すぎたり、1つのストレッサーでもその衝撃度が大きすぎたりすると、私たちの対処能力は限界を越え、対処できなくなるためです。

以上のようにストレスのしくみを整理して理解することで、子どものストレスの予防方法が明確になります。この方法については第3節で説明します。

## 第2節 精神障害

児童生徒のなかにはより深刻な精神障害に罹る子どももいます。精神障害の代表的なものとしては、不安症、強迫症、うつ病、統合失調症があり、これらは、思春期から青年期にかけて発生頻度が高まりやすい病です。

精神障害は，一部の人にしかみられないまれな病ではありません。たとえば，米国の調査から，うつ病の 12 ヵ月有病率（過去 1 年以内にうつ病の診断基準を満たしたことのある人の割合）は約 7 ％とされています（American Psychiatric Association [APA], 2022）。子どもについては，わが国の調査から，うつ病の診断基準を満たす小学生・中学生が，それぞれおよそ 1 ％前後，4 ％であったという報告があります（傳田，2008）。精神障害は私たちが思っている以上に身近なものであり，学校でも精神障害の知識をもっておく必要があります。

　本節では，みなさんがとくに知っておく必要のある上記 4 つの精神障害のほかに摂食症も取り上げ，それぞれどのような症状が現れるかを説明します。

### 1. 不安症（不安障害）

　**不安症**は，名称の通り，不安や恐怖を中心的な症状とするこころの病の総称です。本来，不安や恐怖には，心身が危険にさらされていることを私たちに知らせ，その危険を回避する行動を動機づける大切なはたらきがあります。たとえば，ヘビに出会った時，私たちはとっさに逃げようとしますが，この時の逃げるという行動は，ヘビへの不安や恐怖によって動機づけられます。そして，それによって私たちは身の安全を確保できます。すなわち，本来不安や恐怖は，私たちの生存や環境適応にとって必要な感情なのです。

　ところが，不安症における不安や恐怖は，私たちが日頃感じるそれと比べると過剰で極端です。心身が危険にさらされているというサインである不安や恐怖が過剰になると，私たちの行動範囲は狭まり，かえって日常生活への適応が困難になってしまいます。

　不安症は，症状の現れ方によっていくつかの種類に分かれます。ここでは代表的なものとして，パニック症と社交不安症を紹介します。

### （1）パニック症（パニック障害）

　**パニック症**の特徴は，**パニック発作**がくり返し起こることです。パニック発作とは，突然強烈な恐怖（または不快感）に襲われてそれが数分以内にピークに達し，それと同時に（その数分内に）表 2-3 に記した身体的・認知的症状のうち 4 つ以上が急激に現れることを指します。これに加えて，「またパニック発作

表2-3　パニック発作の症状（DSM-5-TR（APA, 2022；髙橋・大野監訳, 2023）より引用）

| | |
|---|---|
| 1．動悸，心悸亢進，または心拍数の増加 | 9．寒気または熱感 |
| 2．発汗 | 10．異常感覚（感覚麻痺またはうずき感） |
| 3．身震いまたは震え | 11．現実感消失（現実でない感じ）または離人感（自分自身から離隔している） |
| 4．息切れ感または息苦しさ | |
| 5．窒息感 | 12．抑制力を失う，または，「どうかなってしまう」ことに対する恐怖 |
| 6．胸痛または胸部の不快感 | |
| 7．嘔気または腹部の不快感 | 13．死ぬことに対する恐怖 |
| 8．めまい感，ふらつく感じ，頭が軽くなる感じ，または気が遠くなる感じ | |

が起こるのではないか」と不安になったり（**予期不安**），パニック発作が起こりそうな場面や状況を避けたり（**回避行動**）する症状が現れます。たとえば，電車に乗るとパニック発作が起こるのではないかと不安になり，電車に乗れなくなってしまうことです。

　パニック症になると，パニック発作がくり返し起こり，くり返すパニック発作によって予期不安や回避行動が強まっていきます。これらの結果，日常生活に大きな支障が出るようになります。

### （2）社交不安症（社交恐怖，社会不安障害）

　**社交不安症**の中心的な症状は，他者との交流がある場面や他者から見られる場面（社交場面）で著しい不安や恐怖を感じることです。社交不安症の人は，こうした場面で他者から否定的に評価されることを強く恐れます。いわゆる対人恐怖症も社交不安症に含まれます。対人恐怖症とは，他者から嫌がられたり，他者に不快感を与えたりするのではないかと強く恐れることです。その種類として，視線恐怖（人の視線が気になったり，自分の目つきが人に不快感を与えているのではないかと恐れる），赤面恐怖（赤面してそれを見られることを恐れる）などがあります。

　社交不安症の人は，社交場面で大きな苦痛を感じ，しばしば他者とのかかわりを避けることから，日常生活に大きな支障が出てきます。そのため，単なるシャイや人見知りとは異なります。

第2章　メンタルヘルスの不調

表 2-4　強迫観念と強迫行為の具体例

| 強迫観念の例 | 強迫行為の例 |
|---|---|
| ・汚れが気になって仕方がない | ・何度も長時間手を洗う，ドアノブやつり革に触らない |
| ・火の消し忘れが気になって仕方がない<br>・カギのかけ忘れが気になって仕方がない<br>・知らないあいだに誰かを傷つけたり誰かに害を加えたのではないかと気になる | ・ガス栓やカギを何回もしめる，火元や施錠を何度も何分も確認する<br>・人を傷つけていないことを何度も確かめたり尋ねたりする |

## 2. 強迫症（強迫性障害）

　**強迫症**の中心的な症状は，**強迫観念**と**強迫行為**です（表2-4）。強迫観念とは，くり返し否応なく頭に浮かんでくる，打ち消すことの難しい思考・衝動・イメージのことです。この強迫観念には，強い不安や恐怖，苦痛が伴います。たとえば，火の消し忘れが気になって仕方がないという場合，消し忘れによって家が火事になることや自分の責任になることに強い不安を感じています。このような不安や苦痛を打ち消したり和らげたりするための行為が強迫行為です。強迫行為は強迫観念に駆り立てられた行為で，反復的，非現実的，儀式的であるという特徴があります。たとえば，火元を確認するのは1回で大丈夫であるのに，不安で何度も（何分も）確認しなければ気が済まないのです。

　強迫症の人は，自分の考えていることが「気にしすぎである」とわかっており，また，自分のしていることが「度を超している」とわかっているのですが，なかなかやめることができません。そのため，生活のなかで多くの時間と労力が費やされ，日常生活に大きな支障をきたします。

## 3. うつ病（大うつ病性障害）

　**うつ病**の中核的な症状は，「抑うつ気分」と「興味または喜びの喪失」です。これらの症状を中心に，複数の身体的・認知的・行動的症状が，毎日長期間（2週間以上）現れるのが特徴です（表2-5）。こういった症状は深刻であるため，うつ病になると日常生活に大きな支障が出ます。なお，子どもの場合，抑うつ気分の代わりに，いらいらした気分が症状として現れることがあります。

第Ⅱ部　個別の課題とその支援

**表 2-5　うつ病の症状**（DSM-5-TR（APA, 2022；高橋・大野監訳, 2023）をもとに作成）

以下の症状のうち5つ（あるいはそれ以上）が同じ2週間のあいだに存在する。これらのうち少なくとも1つは，（1）抑うつ気分，あるいは，（2）興味または喜びの喪失である。

(1) ほとんど1日中，ほとんど毎日の抑うつ気分
　　注）子どもの場合，いらだたしい気分もありうる
(2) ほとんど1日中，ほとんど毎日，ほとんどすべての活動における興味もしくは喜びの著しい低下
(3) 食事療法をしていないのに，著しい体重の減少か増加がある。もしくは，ほとんど毎日の食欲の低下か増加がある
(4) ほとんど毎日の不眠または過眠
(5) ほとんど毎日の精神運動性の興奮（例：静かに座っていられない）または制止（例：発話・思考・動作が遅いこと，無口）
(6) ほとんど毎日の疲労感または気力の減退
(7) ほとんど毎日の無価値感または過剰な罪責感
(8) ほとんど毎日の思考力・集中力の減退もしくは決断困難
(9) 死についての反復的な思考，反復的な自殺念慮，はっきりとした自殺計画または自殺企図

　うつの状態になると，何もしたくなくなり動作も緩慢になります。このことから，うつの状態は，「こころと体を休めなさい（エネルギーが回復するまでじっとしていなさい）」というサインであると理解することもできます。実際に，うつ病の治療では服薬に加えて休養が必要となります。うつ病の子どもと関わる時には，本人が無理なく学校生活を過ごせるようにすることが大切です。

### 4. 統合失調症

　**統合失調症**になると特異的な症状が現れます。その1つは，妄想，幻覚，まとまりのない会話です。**妄想**とは，明らかに非現実的で歪んだ信念を表します。その内容は，現実とかけ離れた，不可解なもので，第三者から間違いを指摘されても訂正することができません。たとえば，「いつも誰かに監視されている」とかたくなに信じる被害妄想をあげることができます。**幻覚**とは，知覚の歪みを表します。たとえば，聞こえるはずのない声が聞こえる**幻聴**，見えるはずのないものが見える**幻視**などがあります。まとまりのない会話としては，会話が支離滅裂であったり頻繁に脱線したりすることをあげることができます。

　これらに加えて，感情の平板化（感情表出がなくなること），奇異な行動，意欲

第2章　メンタルヘルスの不調　41

の低下といった症状もしばしば現れます。統合失調症が疑われる場合，すぐに医療機関を受診し，早期に治療を始める必要があります。

### 5. 摂食症（摂食障害）

**摂食症**は，食行動に問題が現れるこころの病です。摂食症には，**神経性やせ症（拒食症）**や**神経性過食症（過食症）**などがあります（表2-6）。拒食症の特徴の1つは，食事を持続的に制限して体重を極端に減らしてしまうことです。また，拒食症には，明らかにやせているのに「自分は太っている」と認識するなど，ボディ・イメージの歪みがみられます。他方，過食症の特徴の1つは，むちゃ食いをくり返すことと，体重増加を防ぐために不適切な代償行動を行うことです。不適切な代償行動としては，自己誘発性嘔吐，下剤の使用，過剰な運動などがあります。拒食症と過食症のいずれにおいても，その背景に太ることへの強い恐怖心があります。

拒食症と過食症は青年期もしくは成人期早期に発症しやすいと報告されています（APA, 2022）。学校では，養護教諭が行う生徒の健康管理のなかで拒食症が気づかれる場合があります。

表2-6　**摂食症の症状の例**（DSM-5-TR（APA, 2022；高橋・大野監訳，2023）をもとに作成）

| 1. 神経性やせ症（拒食症） | 2. 神経性過食症（過食症） |
|---|---|
| ①カロリー摂取を制限し，体重の正常下限を下回っていること（児童・青年の場合は期待される最低体重を下回っていること）<br>②体重が正常下限を下回っているのに，体重が増えることまたは肥満になることを強く恐れる<br>③自己評価が体重や体型に強く影響を受け（例：スリムでないと自尊心を保てない），自分の体重や体型についての感じ方が歪んでいる | ①むちゃ食いをくり返す<br>・明らかに大量の食物を食べる<br>・その時，食べることを抑制できない（例：食べるのをやめられない）という感覚がある<br>②体重増加を防ぐために不適切な代償行動をくり返す<br>③むちゃ食いと不適切な代償行動が3ヵ月間にわたって少なくとも週1回起こっている<br>④自己評価が体重や体型に強く影響を受ける |

**第3節 実践に向かって──ストレスの予防と精神障害の子どもへのかかわり**

　最後に，実践的な観点から，子どものストレスの予防と精神障害を抱える子どもへのかかわりについて述べます。合わせて，近年問題になっている教師のストレスとメンタルヘルスについても述べます。

## 1．子どものストレスの予防法

　第1節で説明したストレスのしくみをふまえると，学校での児童生徒のストレス予防法としては，大きく2つの方向が考えられます。
　第1に，ストレスのしくみについて知り，出来事のとらえ方やコーピングの

表2-7　ストレス・マネジメントの授業概要（坂野・嶋田・鈴木，2004を改変し作成）

| 回 | テーマ | ねらいと内容 |
|---|---|---|
| 1 | どうしてストレスの話をするの？：導入 | ストレスについて学ぶ目的を理解させ，生徒の関心と学習意欲を高める |
| 2 | リラクセーション法：そのしくみ，効果，実施法 | 心と体の関連性を知り，リラクセーション法が心と体をリラックスさせ，ストレスを軽減する方法であることを理解・習得する |
| 3 | ストレスってなあに？：ストレス反応の理解 | ストレスを感じた時にさまざまなストレス反応が現れることを理解する |
| 4 | どんな時ストレスを感じる？：ストレッサーの理解 | ストレスの源になるストレッサー（出来事）の存在と種類を知る |
| 5 | ストレスを感じさせる考え方：認知的評価の理解 | ストレスの程度は自分の考え方に左右されることを認識し，ストレスを強める考え方と弱める考え方を知る |
| 6 | ストレスに強いってどんなこと？：コーピングの存在と種類 | コーピングの存在と種類を理解する。どのコーピングにも良い面と悪い面があることを理解し，レパートリーが豊富であることの重要性を知る。また，状況に応じてコーピングを柔軟に使い分けることの必要性に気づく |
| 7・8 | ストレスに強いってどんなこと？：コーピングの効果・選択1・2 | 具体的に学業ストレス場面（第7回）と友人関係ストレス場面（第8回）を取り上げ，対処した結果や効果に目を向ける |
| 9 | ストレス・マネジメントの実践 | これまでの授業内容を自分のストレス状況に当てはめて考えてみる |

第2章　メンタルヘルスの不調

方法を身につけられるように教育していくことです。このような教育を**ストレス・マネジメント**といいます（第10章と12章も参照）。ストレス・マネジメントでは，表2-7に示したような体系的なプログラムによって，ストレス対処のスキルを習得できるようにします。このうち，リラクセーションとコーピングの教育について，具体例が第10章に示されていますのでご覧下さい。

　第2に，子どもにとって大きな脅威となるストレッサー（たとえば，いじめの被害に遭う，暴力や傷つく発言をされる）を予防すること，また，そのようなストレッサーが起こった時に子どもをサポートする体制を整えておくことです。第1節で述べた通り，衝撃的なストレッサーは，人の対処能力の限界を超え，こころに大きな傷跡を残すため，学校からなくしていく必要があります。また，仮にそのようなことが起こった時でも，子どもが安心してこころを打ちあけられるように相談体制を整えたり子どもとの関係性を作ったりしておくことが大切です。このような**環境整備**も，ストレス予防の基本となります。

## 2. 精神障害の子どもへのかかわり

　精神障害の診断と治療は医師が行うため，学校で精神障害の子どもと関わる時は医師から助言を得なければなりません。また，医師，保護者，本人とよく話しあい，その子が学校生活のなかでどのようなことができず，また，どのようなことならできるかを把握して関わることが大切です。

　また，精神障害は早期の発見と対応が重要であるため，学校では子どもの変化にいち早く気づくことが大切です。もし学校で子どもの精神障害が疑われたら，他の教職員（たとえば，養護教諭，スクールカウンセラーなど）や関係者と一緒に，複数の目で子どもをよく観察し，保護者ともよく話しあった上で，関係機関を受診するか否かを判断することが大切です。

## 3. 教師のストレスとメンタルヘルス

　近年，学校でのさまざまな仕事の負担から，教員がストレスを抱えたりこころの病にかかったりするケースが増えています。たとえば，精神疾患で休職した教員の全在職者に占める割合は，1999（平成11）年度が0.2%であったのに対

して 2010（平成 22）年度は 0.6％（3 倍），2022（令和 4）年度は 0.77％に増加しています（文部科学省，2012，2023）。

　子どものこころを支えるためには，教師自身のメンタルヘルスの維持と向上が欠かせません。ストレスと上手につきあったり，精神障害の知識をもって早期発見・対応に努めたりすることは，教師自身にとっても大切なことなのです。

（黒田　祐二）

---

### 演 習 問 題

　（1）ある出来事がストレッサーとなるかどうかは，その出来事のとらえ方次第であると説明しました。たとえば，「友だちにメールを送ったのになかなか返事がこない」という出来事を経験した時，この出来事に対して具体的にどのようなとらえ方をするとストレッサーとなるか（また，ならないか）考えてみよう。

　（2）不安症やうつ病と，日常的に経験する不安や落ち込みとでは，何が違うか，考えてみよう。

---

### 【引用文献】

American Psychiatric Association（2022）. *Diagnostic and Statistical Manual of Mental Disorders Fifth Edition Text Revision*. Washington D.C.: American Psychiatric Association.（髙橋三郎・大野裕（監訳）（2023）. DSM-5-TR 精神疾患の診断・統計マニュアル　医学書院）

傳田健三（2008）. 児童・青年期の気分障害の診断学——MINI-KID を用いた疫学調査から　児童青年精神医学とその近接領域，**49**(3)，286-292.

Lazarus, R. S., & Folkman, S.（1984）. *Stress, Appraisal, and Coping*. New York: Springer.（ラザルス，R. S., & フォルクマン，S.　本明寛・春木豊・織田正美（監訳）（1991）. ストレスの心理学——認知的評価と対処の研究　実務教育出版）

文部科学省（2012）. 教員のメンタルヘルスの現状　http://www.mext.go.jp/b_menu/shingi/chousa/shotou/088/shiryo/__icsFiles/afieldfile/2012/02/24/1316629_001.pdf

文部科学省（2023）. 令和 4 年度公立学校教職員の人事行政状況調査について　https://www.mext.go.jp/a_menu/shotou/jinji/1411820_00007.htm

岡安孝弘・嶋田洋徳・坂野雄二（1992）. 中学生用ストレス反応尺度の作成の試み　早稲田大学人間科学研究，**5**(1)，23-29.

坂野雄二（監修）　嶋田洋徳・鈴木伸一（編著）（2004）. 学校，職場，地域におけるストレスマネジメント実践マニュアル　北大路書房

# 3 発達障害
## 子どもたちとともに学ぶ

　子どもたちに，学ぶことが楽しい，友だちとふれあうことに喜びを感じ，一日が終わると次の日に学校に行くことが待ち遠しいと思ってもらいたいと多くのおとなが考えていることでしょう。子どもたちをそのような気にさせるのはおとなであり，学校においては先生の果たす役割が大きいと思います。
　先生が学ぶべき事柄を伝え，友達と協力しあえる場を創るのです。そして，先生が子どもたちをその場に乗せることで，すべての子どもたちが成長することができます。ここで重要なのはすべての子どもが成長することです。決して乗り遅れる子どもが存在してはなりません。しかし乗り遅れやすい子どもがいることも事実です。いわゆる発達障害をもつ子どもたちです。この章ではこのような子どもたちの特徴と先生の関わり方について考えていきましょう。

## 第1節　自閉スペクトラム症（自閉症スペクトラム障害，ASD）

### 1. 自閉スペクトラム症（自閉症スペクトラム障害，ASD）とは

　2013年5月にアメリカ精神医学会の診断基準（DSM）が改訂され，自閉スペクトラム症（Autism Spectrum Disorder）という診断名が提案されました。これまでの診断名では広汎性発達障害という診断名がありました。
　広汎性発達障害のなかに自閉性障害（いわゆる自閉症）やアスペルガー障害が下位分類として存在していました。自閉性障害とは「人への反応や関わりの乏しさ，社会的関係形成の困難さ」「言葉の発達の遅れ」「興味や関心が狭く特定のものにこだわること」を特徴としている障害であり，アスペルガー障害とは自閉性障害の特徴のうち「言葉の発達の遅れ」がない障害とされ，多くは知的な能力にも遅れがみられないとされていました。また小さい頃に言葉の遅れがみられた自閉性障害をもつ人々のなかにも知的な能力に遅れがない場合もあり，そのようなグループは高機能自閉症と呼ばれることがありました。

しかしアスペルガー障害と高機能自閉症を明確に分けることが難しいことから，まとめて高機能広汎性発達障害と呼ばれることもありました。このような診断名は今後もしばらくは使われることもあるかもしれませんが，知的な能力の遅れのない ASD と理解してよいでしょう。ASD のスペクトラムとは連続体または多様性という意味であり，知的な能力や言葉の発達などが異なるさまざまなタイプがあるということを意味します。

　ASD の特徴としては大きく 2 つに分けられます。意思疎通や対人交流に関する問題が持続的に複数の場面で認められるというコミュニケーションに関するものと，限定された行動パターンや限定された関心・活動領域の反復がみられるというこだわりに関するものです。具体的な特徴の例については表 3-1 に示します。

　これらに加えて感覚処理の面でも問題がみられることがあり，ある特定の刺激に過敏であることや，反対に鈍感であることがあげられます。たとえば人にふれるのをとても嫌がる子，くるくる回っているのが好きな子，痛みや寒さなどをあまり感じない子などです。

　次に ASD の子どもがどのような発達経過をたどるのかについて述べます。次節以降で述べる ADHD や LD の特徴を併せもつ場合も多いですが，できるかぎり ASD の特徴に限定して述べていきます。

表 3-1　ASD の特徴

| 意思疎通や対人交流に関するもの | 限定された行動パターン，<br>関心・活動領域の反復に関するもの |
| --- | --- |
| ・含みのある言葉や嫌みを言われてもわからず，言葉通りに受けとめてしまうことがある<br>・会話の仕方が形式的であり，抑揚なく話したり，間合いが取れなかったりすることがある<br>・まわりの人が困惑するようなことも，配慮しないで言ってしまう<br>・友達と仲良くしたいという気持ちはあるけれど，友達関係をうまく築けない<br>・非言語的コミュニケーション（例：アイコンタクトや手振り身振り）の理解と使用が難しい<br>・比喩や冗談の理解が難しい | ・みんなから，「○○博士」「○○教授」と言われている（例：昆虫博士）<br>・特定の分野の知識を蓄えているが，丸暗記であり，意味をきちんと理解していない<br>・ある行動や考えに強くこだわることによって，簡単な日常の活動ができなくなることがある<br>・自分なりの独特な日課や手順があり，変更や変化を嫌がる<br>・特定の物に執着がある |

## 2．乳幼児期の様子と関わり方

　乳幼児期の場合は親や家族とのかかわりにおいて問題が現れることがあります。感覚の過敏さから抱っこされることを極端に嫌がる子どもがいるといわれています。また放っておけば１人でおもちゃで遊び続けることもあります。

　幼稚園に入る頃には他人とのかかわりが快適なものと感じられず，１人で遊び続ける子どももいます。まずは子どもの関心のあることにおとながつきあうなど，ある意味では子どもの興味関心を満たすための道具としておとなが関わることが大切になっていきます。それにより他者と何かをすることが楽しい，他者と一緒にいることが楽しいという感覚が芽生えてくるでしょう。

## 3．小学生の頃の様子と関わり方

　小学校に入るとじっと座って話を聞かなくてはならない時間が長くなり，さらに教師からの指示も多くなります。後に述べる ADHD の症状を併せもつため気が散りやすい／注意散漫になりやすいという子どももいます。一方で感覚処理の問題によって集中できないという子どももいます。たとえば机や椅子のがたつきの音や，水槽のポンプの音など，ほかの子どもが気にしないようなちょっとした音や匂いなどに敏感に反応してしまうことがあります。このような場合は教室環境が本人にとって不快なものになっていないか，教師側の配慮が必要になってきます。

　また指示の与え方についても，省略や比喩などは用いず，わかりやすいことばで短く伝えることが重要になります。さらに教師との間で非言語的なサインを決めておくことが有効な場合もあります。アイコンタクトやちょっとしたジェスチャーでかまいません。これらをくり返すことで非言語的コミュニケーションの理解のためのトレーニングにもなります。

　ASD の子どものなかには自分の感情がどうしても処理しきれなくなると，パニックになる子どももいます。そのような場合は落ち着くようにことばで指示しても難しいことが多いため，別の方法を考えておく必要があります。たとえば，周囲からの刺激が少なくなるようなクールダウン・スペースを設けることによって落ち着く場合があります。教室のなかの大きな段ボールのなかに入る子もいれば，保健室や相談室などを利用するという子もいます。

### 4. 中学生以降の頃の様子と関わり方

　思春期に入り中学生・高校生になるとASDの特徴が問題になることのほかに、自分がほかの人と違うということを意識し、落ち込む子もいます。また、これまでの対人関係などの失敗経験を背景に自尊心が低下している子もみられます。これらの問題は**二次障害**と呼ばれます。このような場合は担任教師がその子の困っていることを理解し、専門家からカウンセリングを受けるなどして情緒の安定を図ることが必要です。

　ASDの生徒のなかにはこれまでに目立った問題がなかったなどの理由から診断を受けていない場合もありますが、この時期に診断名がつくことにより、それまでの困難や自分自身をより理解することができたと安心する子もいます。

 ## 第2節　注意欠如・多動症（注意欠如・多動性障害、ADHD）

### 1. 注意欠如・多動症（注意欠如・多動性障害、ADHD）とは

　ADHD（Attention-Deficit/Hyperactivity Disorder）の子どもには不注意、多動性、衝動性がみられます。それぞれの具体的な特徴を表3-2に示しました。

　ADHDの子どものなかには多動性や衝動性が目立つ状態にある子どももいれば、不注意の問題だけが目立つ状態にある子どももいます。背景には中枢神経系の障害が推定されており、環境が原因でADHDになることはありません。そのため思春期を過ぎて急にADHDの特徴が現れるということはありません。さらにある特定の場所だけでADHDの特徴が現れるということはなく、複数の状況（学校と家庭など）で同様の特徴がみられます。

　ADHDの子どもは、たとえば衝動性から授業中立ち歩くような時でも、よく観察するとその直前で我慢していることもあり、我慢が限界になり立ち歩くということもあります。そのような時に本人の努力を教師が見つけることはとても大切なことです。また不注意という特徴に関しても同様であり、短時間とはいえ本人が集中している時間があるのです。そのような努力を教師が見つけることも大切です。そしてそのような状態を見つけた時すぐに褒めるということは本人の自己コントロールの意欲を育むためにも重要です。

表 3-2　ADHD の特徴 (DuPaul et al., 1998 をもとに作成)

| 不注意に関するもの | 多動性・衝動性に関するもの |
|---|---|
| ・学業において，綿密に注意することができない，または不注意な間違いをする<br>・課題または遊びの活動で注意を集中し続けることが難しい<br>・直接話しかけられた時に聞いてないように見える<br>・指示に従えず，課題や任務をやり遂げることができない<br>・課題や活動を順序だてることが難しい<br>・課題や活動に必要なものをなくしてしまう | ・手足をそわそわと動かし，またはいすの上でもじもじする<br>・教室や，その他，座っていることを要求される状況で席を離れる<br>・不適切な状況で，余計に走り回ったり高い所へ上ったりする<br>・しゃべりすぎる<br>・質問が終わる前に出し抜けに答え始めてしまう<br>・順番を待つことが難しい |

　このような多動性や衝動性の特徴を抑えるために薬が使われることがあります。しかし薬はそのような特徴を根本からなくすものではなく，一時的にその特徴を目立たなくするものであると考えた方がよいといわれています（森，2006）。薬によって落ち着いた状態になることにより，注意や叱責をされる回数を抑えることができ，必要な行動の学習ができます。

　ADHD の子どものなかには ASD の特徴を併せもつ子どももいることも指摘されています。小学校低学年くらいまでの時期には多動性や衝動性の特徴が目立つため，ASD の特徴がわからないこともあります。思春期に入り対人関係の問題が現れるなどのことから明らかになることもあります。さらに，低学年でも薬により多動性や衝動性の特徴が抑えられてはじめて ASD の特徴が明らかになることもあります。

## 2. 幼児期の様子と関わり方

　幼児期には多動性や衝動性の特徴が問題になることが多く，買い物に行くといつの間にかいなくなってしまう，公園などでほかの子と順番を守って遊べないなどがみられます。これらの行動はしつけの失敗と周囲から見なされてしまうこともあり，親は子どもに対して厳しく叱ってしまうことがあります。しかし子ども本人は悪気があってしているわけではありませんし，また，親の言うことがまったく理解できないわけではありません。自分でも何とかしたいと思

第Ⅱ部　個別の課題とその支援

い始めている子もいます。それでもどうしても自分でコントロールができずに，結局は叱られてしまうという悪循環になることが少なくありません。

このような多動性や衝動性の特徴は集団生活が始まると顕著になってきます。集団から外れてしまうことも多く，教師からは「困った子」としてみられることもあります。しかし「困った子」は同時に「困っている子」としてみる必要があります。また不注意の特徴のため，指示が理解できていないことが目立つようになります。同じ指示がほかの子には理解できていても，途中までしか聞いていなかったなどの理由からADHDの子どもには理解できていない場合があります。多動性や衝動性の特徴だけではなく，不注意の特徴から指示やルールの説明を聞いていないことがあるために集団生活がうまくいかない場合もあるということを教師は考慮しておく必要があります。

## 3. 小学生の頃の様子と関わり方

教室ではほかの子の動きや言葉などによって注意が散ってしまうこともあることから，なるべく教室の一番前の席で先生や黒板以外のものが目に入らないようにすることにより，状況が改善することがあります。また，教室の前方に掲示物を貼りすぎると，そちらに注意が逸れてしまうこともありますので，最小限にすることが有効です。このように環境を整えていくことが重要です。それでも注意がそれてしまう場合などは，ことばで何度も注意するよりも，肩にそっと手を置くなど身体的刺激を与えることにより注意が授業に戻ることがあります。

多動の特徴が目立ち，どうしても立ち歩いてしまう場合は，座っていることを強要するのではなく，先生の許可があれば席を離れることを認めるということが有効な場合があります。その際には移動する場所を決めておくなどの工夫が必要となりますし，ほかの教師の協力を得る必要があります。あるいは役割を与えて，職員室にものを届けさせるなどの対応が有効な場合もあります。これらの目的をもった動きをさせるという対応により，結果的に座っていられる時間が徐々に長くなるということがあります。

また板書に困難を抱える子どもも少なくありません。注意を黒板とノートに適切に配分することに困難を示すためです。同時に先生の話が進んでいくよう

第3章　発達障害　51

な場合には,そちらにも注意を配分する必要があり,さらに難しくなります。このような場合は板書を書き写す時間を設けたり,プリントを併用するなどの工夫を教師が行うことにより,授業の理解が改善される場合があります。

　また集中できる時間も短時間になることがあるため,指示や説明は短く,1つの説明では1つの内容にするなどの配慮があることが望ましいです。さらに授業も比較的短時間で区切るなどモジュール化することにより授業理解が良くなる場合があります。これらはADHDの子どもに限ったことではなくすべての子どもの授業理解を促進する方略（**ユニバーサル・デザイン**）とも考えられます。

### 4. 中学生以降の頃の様子と関わり方

　思春期に入る頃になると多動性や衝動性の特徴は目立たなくなってくることが多いといわれています。しかし不注意の特徴に関しては成人になってからも残ることがあります。たとえば部屋などを片づけることなどに困難を示す場合があります。集中して1つのことを続けることが難しく,さらに順序立てて計画的に行動することに困難がみられるためです。

　また,ADHDの子どもは注意や叱責を受けやすいことから,自己肯定感や自尊心が低下することが多いといわれています。ASDの節でも述べた二次障害の問題です。この二次障害により自分自身をコントロールしたいという意欲が減ってしまうことが一番の問題となります。

 **限局性学習症（限局性学習障害,SLD）**

### 1. 限局性学習症（限局性学習障害,SLD）とは

　限局性学習症の原語はSpecific Learning DisorderでありSLDという略語が使われます。これまでは学習障害（LD）という診断名でした。文部省（1999）によればLDとは,「基本的には全般的な知的発達に遅れはないが,聞く,話す,読む,書く,計算する又は推論する能力のうち特定のものの習得と使用に著しい困難を示す様々な状態を示すもの」であり,「その原因として,中枢神経系に何らかの機能障害があると推定されるが,視覚障害,聴覚障害,知的障

害，情緒障害などの障害や，環境的な要因が直接の原因となるものではない」
と定義されます。

　一方，医学概念として用いられる SLD は教育概念の LD よりもより狭い範
囲で定義されており，主に読み障害，書き障害，算数障害などからなる限局性
学習症（限局性学習障害）とされます。教育概念と医学概念に共通していえるこ
とは，全体的な知的発達の遅れがないことと，中枢神経系になんらかの機能障
害を推定していることです。読み，書き，計算（算数）の困難さについての具
体的な特徴については表 3-3 に示します。

　読むことの困難は，ディスレクシアとも呼ばれ，表 3-3 の通り，文字を正確
に読めなかったり文章の読みがぎこちなかったりする，そのために内容を理解
することが難しいという形で現れます。これは，文字と音を結びつけられなか
ったり，文字・単語・文として視覚的に受容できなかったり，たくさんの文字
のなかからしかるべきところに視点を定められなかったりするためであるとさ
れています。

表 3-3　SLD の特徴

**読みに関するもの**
・はじめて出てきた語や，普段あまり使わない語などを読み間違える
・文中の語句や行を抜かしたり，またはくり返し読んだりする
・音読が遅い
・勝手読みがある（「いきました」を「いました」と読む）

**書きに関するもの**
・読みにくい字を書く（字の形や大きさが整っていない。まっすぐに書けない）
・独特の筆順で書く
・漢字の細かい部分を書き間違える
・句読点が抜けたり，正しく打つことができない

**算数に関するもの**
・学年相応の数の意味や表し方についての理解が難しい
　（三千四十七を 300047 や 347 と書く。分母の大きい方が分数の値として大きいと思っている。
　簡単な計算が暗算でできない）
・答えを得るのにいくつかの手続きを要する問題を解くのが難しい
　（四則混合の計算。2 つの立式を必要とする計算）
・学年相応の量を比較することや，量を表す単位を理解することが難しい
　（長さやかさの比較。「15cm は 150mm」ということが理解できない）

第 3 章　発 達 障 害　　53

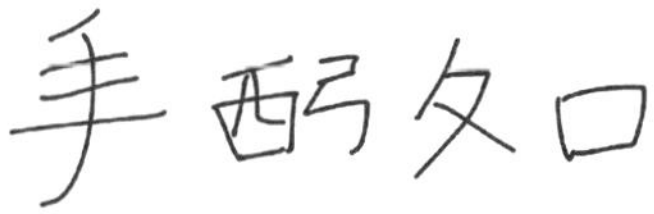

**図 3-1　書き間違いの例** (左から，手，配，名)
(小池ら，2011 をもとに作成)

次に，書くことの困難に関しては，綴ることや形を整えることの困難として現れます。図 3-1 は線の本数が多いことや，似たような部首と間違えるという書字模倣の失敗の例です。また書くことに加え読むことにも困難を示す場合もあり，この場合は文字情報を視覚的に認識する時点ですでに困難があると考えられます。

　そして，計算することの困難は，繰り上がりの計算ができないことや，数を論理的に操作できないことなどが特徴となります。このことは数概念や，記憶力，論理的思考の問題の現れとなっていることが考えられます。

　通常 SLD の問題が明らかになるのは就学後になります。学習上でなんらかのつまずきがあり，SLD をもつ子どもが抱える困難が明らかになるためです。そこで，小学校以降の様子とかかわりについて以下に述べます。

## 2.　小学生の頃の様子と関わり方

　小学校入学後には知的発達の著しい遅れが明らかになります。著しい遅れとは小学校 2，3 年生は 1 学年以上の遅れ，4 年生以上または中学生は 2 学年以上の遅れが目安となります。ここでは読み，書きのつまずきへの対応を中心に述べます。

　読みの問題について，促音 (「っ」「ッ」など) や拗音 (「きゃ」「しゅ」「りょ」) を正しく読めない場合は，文字単位ではなく，その文字を含んだ単語として覚えさせる指導が有効な場合があります。「きゅ」を「きゅうりのきゅ」として覚えさせるなどです (独立行政法人国立特別支援教育研究所，2013)。また，逐語読みになってしまう場合は単語を区切って読めるようにスラッシュ (／) を入れることによりスムーズに読めるようになることがあります (高橋，2011)。そして，とばし読みをする時には，指などでなぞりながら読んだり，読むべき文章だけ見える (読まない文章を隠す) ようにするなどの支援が有効な場合があります。

　書くことのつまずきについては，まずは読むことにつまずきについても把握する必要があります。その上で書きのつまずきの状態について，漢字などを思

い出すことができないのか，細かい部分の書き間違いをしているのか，同じ音の漢字と間違えるのかなどを詳細に把握していく必要があります。たとえば，漢字の形についての記憶が曖昧な場合には，似たような漢字を提示し，どこが間違っているか指摘させるなどの練習も文字の細かいところをみるトレーニングになります。

　また手先の不器用さが背景にあり，黒板の文字を書き写すなどに時間がかかってしまう子どももいます。この場合でも先生の話を理解できていないわけではないため，正確に板書の内容をノートに写すことが授業の目的ではないのであれば，先生の話したことを要約して書き写す練習や，パソコンの利用などを認めるのも1つの方法です。正確に写させることばかりを求めるよりも，内容の理解や書く意欲を低下させないことに配慮する必要があります。

### 3. 中学生以降の頃の様子と関わり方

　思春期以降の様子はそれぞれの子どもたちのそれまでの支援のあり方で大きく違います。自分なりの学習の仕方を身につけている子どももいますが，これまでの失敗経験から学ぶことに喜びを感じられなくなっており，さらには全体的な自尊心を低下させてしまっている場合もあります。もちろんこのような状態は思春期の前に現れることもあります。子どもの学習上のやる気の問題を本人の責任にすることなく，困難の内容と背景要因について基本的な部分から詳細に把握していく必要があります。

 **実践に向かって──ともに成長し続ける**

### 1. 目の前の子どもに寄り添う

　第1節から第3節ではそれぞれの特徴をもった子どもたちへの具体的な支援について述べてきましたが，これらはあくまでも一部にすぎません。それぞれの子どもたちは置かれている状況も異なれば，本人がもつ特徴も違います。大切なのは一人ひとりの子どもをよく見て丁寧な教示を行うこと，子どもが理解していないかもしれないという可能性を常に念頭に置きながら教示をすること

です。つまり，子どもはわかっている，とおとながわかった気にならない，ということになります。

　さらに二次障害が生じないように配慮することも発達障害をもつ子どもへの支援に共通することです。子どもにとって，困っていることを理解し，それを伝えられる関係性を築いた教師がいることは二次障害を予防する上で重要になります。二次障害のきっかけになるような失敗経験をすべてなくすことができる教師は多くはないと思いますが，寄り添い，一緒に考え続けることができる教師はたくさんいます。大切なのは子どもが困っていると表現しようとすること，そしてその相手がいるということなのです。

### 2. 保護者の困っていることを理解する

　困っているのは子どもだけではありません。保護者も困っています。発達障害をもつ子どもの保護者は早い時期からほかの子どもとの違いに気づいているといわれています。しかしこれまで誰にも相談できなかったり，子どもの問題行動などが周囲からしつけの問題にされていた可能性もあります。

　さらにはこれまでの経緯から学校や教師，その他の相談機関に対して良い印象をもっていない可能性があります。本人の問題点ばかりが指摘され，家庭での指導を求められてきたことなどが理由として考えられます。

　子どもの困っていることの理解と同様に，保護者の困っていることの理解が大切です。そのためには，はじめから子どもの問題となっている行動のみを伝えるのではなく，子ども本人の努力などポジティブな面から伝えることが有効です。このことは一時的な効果ばかりではなく，保護者が子どものポジティブな面を見ることができるようになるという長期的な効果もあります。さらには困っていることを教師に表現しようという保護者の意思が生まれることにつながる可能性があります。このように保護者の困っていることが和らいではじめて，保護者と学校の協力体制が作られるのです。

### 3. 子どもの笑顔を探す

　子どもたちの将来を考える時に，何が正しい選択なのかを１つに絞ることは

56　　第Ⅱ部　個別の課題とその支援

難しいこともあります。正しい選択があるのかどうかというところも議論される必要があります。しかし，正しさという抽象的なもの以上に大切なことで目に見えやすいものは，子どもの笑顔です。子どもたちが毎日笑って生活をすることができているか，笑わない日が続いていないだろうか，などと注意してみることはできます。そしてどの子どもにも一日に一度は声をかけることはできるでしょう。

　子どもたちは先生が見てくれているという安心感で笑顔になるかもしれません。なにか先生に話してみようと思うかもしれません。明日も子どもたちの笑顔をみることができるだろうかと想像してみること，この積み重ねが発達障害をもつ子どもの将来を考えることにつながるのかもれません。　　　　（新川　貴紀）

---

### 演 習 問 題

（1）ASD と ADHD の主な特徴をあげてみましょう。

（2）発達障害の子どもと関わる時，診断名を頭に入れておくことは大切ですが，それにとらわれすぎると子どもの理解が狭まってしまうことがあります。発達障害の子どもをしっかりと理解するために，どのようなことが大切でしょうか。

---

### 【引用文献】

独立行政法人国立特別支援教育総合研究所（編）（2013）．改訂新版 LD・ADHD・高機能自閉症の子どもの指導ガイド　東洋館出版社

DuPaul, G. J., Power, T. J., Anastopoulos, A. D., & Reid, R（1998）. *ADHD Rating Scale-IV: Checklists, Norms, and Clinical Interpretation.* NewYork: Guilford.（市川宏伸・田中康雄（監修）坂本律（訳）（2008）．診断・対応のための ADHD 評価スケール ADHD-RS【DSM 準拠】――チェックリスト，標準値とその臨床的解釈　明石書店）

小池敏英・雲井未歓・窪島務（編著）（2011）．LD 児のためのひらがな・漢字支援　あいり出版

文部省（現文部科学省）（1999）．学習障害及びこれに類似する学習上の困難を有する児童生徒の指導方法に関する調査研究協力者会議　最終報告

森俊夫（2006）．教師とスクールカウンセラーのためのやさしい精神医学 1――LD・広汎性発達障害・ADHD 編　ほんの森出版

高橋あつ子（2011）．文字のとばし読みが多い子にはどうする　諸富祥彦（編集代表）　チャートでわかるカウンセリングテクニックで高める「教師力」第 3 巻 特別支援教育に生かせるカウンセリング　ぎょうせい　p.57

第 3 章　発 達 障 害

# 不 登 校
### 学校に行けない・行かない子どもたち

現在，不登校の子どもの数は，小・中・高等学校を合わせて35万人を超え，多くの子どもたちが学校に行けない・行かない状態であるといえます。また，現在は登校できていても，登校しぶりや学校嫌いといった不登校の可能性をはらむ子どもたちもかなりの数に上ると予想されます。私たちは，どのように彼らを支援していけばよいのでしょうか。この章では，不登校の子どもや保護者の揺れ動く心に寄り添いつつ，彼らへの支援のあり方について考えます。

## 第1節　不登校とは

### 1. 不登校の考え方の変遷

不登校とは，学校に行けない・行かないことにまつわる葛藤状況を総称した言葉です（徳田, 2012）。学校に行けない・行かない子どもたちをめぐっては，その名称や考え方が時代とともに変化してきました。1960年代，不登校は，**学校恐怖症**と呼ばれており，その原因は個人や家族の病理と考えられてきました。その後，不登校の人数が増加すると，不登校をより一般化した不適応行動としてとらえる考え方が広まります。1970年代から80年代にかけて**登校拒否**という名称が一般化され，学校や教育の問題が背景にあると考えられました。しかし，不登校の子どものなかには，登校の意志のある子どももおり，「拒否」ということばが必ずしも適切ではないのではないかという指摘がなされました。そこで，現在では子どもの状態をニュートラルに示す**不登校**という用語が使用されるようになりました。不登校の原因についても，家庭要因や個人要因，学校要因に加え，核家族化や社会経済などの社会文化的要因といった，より広い視点でとらえられるようになりました。

### 2. 不登校の定義と実態

文部科学省（2023）によれば，不登校は，「何らかの心理的，情緒的，身体

的，あるいは社会的要因・背景により，児童生徒が登校しないあるいはしたくともできない状況にある者（ただし，病気や経済的理由，新型コロナウイルスの感染回避によるものを除く。）」と定義されています。

それでは，文部科学省（2023）が行った調査から，不登校の実態をみていきましょう。不登校児童生徒数の推移を見ると，各学校段階で違いはあるものの，多くの子どもたちが学校に行っていない状態です（図4-1）。とくに中学校では，17人に1人，すなわち，1クラスに2, 3人は不登校生徒がいるという深刻な状況です。

次に，学校段階・学年別の不登校児童生徒数を見てみましょう（図4-2）。ここで注目してほしいのは，小学6年生から中学1年生にかけて不登校生徒数が急増していることです。この理由として，小学校から中学校への移行の問題があります。学習内容が小学校よりも難しくなるために授業についていけなくなったり，学級担任制から教科担任制へと変わることにより，担任教師との関係をうまく構築できなくなるなど，中学校生活への移行に困難を示す子どもも少なくありません（**中1ギャップ**）。

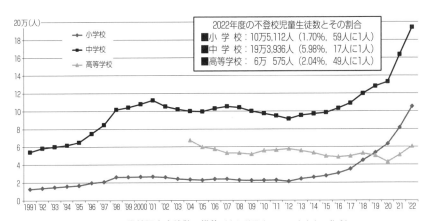

**図4-1　不登校児童生徒数の推移**（文部科学省，2023をもとに作成）

注）長期欠席者のうち，不登校を理由とする者について調査。
注）長期欠席者は，2019年度調査までは年度間に連続又は断続して30日以上欠席した児童生徒，2020年度調査以降は，「児童・生徒指導要録」もしくは「生徒指導要録」の「欠席日数」欄及び「出席停止・忌引き等の日数」欄の合計の日数により，年度間に30日以上登校しなかった児童生徒について調査。

第4章 不登校　59

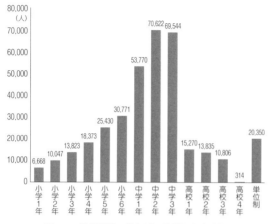

**図 4-2　学校段階・学年別不登校児童生徒数**
（文部科学省，2023 をもとに作成）

また，中学校 3 年生でやや減少するものの，全体でみると小学校・中学校ともに，学年が上がるごとに不登校児童生徒数が増えています。その学年であらたに不登校になるケースに加え，年度をまたいで不登校状態が継続するケースが多いと考えられます。文部科学省の調査によれば，小学校では約 42％，中学校では約 53％の子どもが，不登校状態が前年度から継続しています。学年の変わり目は，保護者や教師あるいは子ども自身も，不登校解消の期待や意欲が高まる時期です。しかし，実際には，再登校は容易ではありません。

### 3. 不登校のタイプ

不登校のタイプについては，さまざまな考え方があります。ここでは齊藤（2007）による 5 つのタイプを紹介します（表 4-1）。この分類は，不登校の子どもを支援する上で非常に有効です。それぞれのタイプにあった支援方法を選択することが重要です。

 ## 第 2 節　不登校の子どもの理解

### 1. 不登校の背景

不登校の背景は非常に多様ですが，①本人に関わるもの（耐性の欠如，自己の過大評価など）　②家庭に関わるもの（親子関係，虐待など）　③学校に関わるもの（仲間関係，教師との関係など）　④その他（社会状況，価値観の多様化など）に分けられ

**表 4-1　不登校のタイプ**

| 過剰適応型 | 几帳面でまじめなタイプ。他者からの期待や要求に応えようとして頑張るが，過度に適応的であろうとするあまりに消耗する。期待通りの成果が得られない場合に，取り返しのつかない失敗であると考え，学校や仲間関係を一挙に回避しようとして不登校に至る。 |
|---|---|
| 受動型 | 萎縮と消極的姿勢が目立つタイプ。学校や仲間集団に圧倒され，受け身的な姿勢で自己防衛している。「おとなしくて，特に問題のない子」とみられることも多い。萎縮した心を抱えて学校生活を送っているところに，さらなるストレス（皆の前で無理やり発表させられる，教師からの叱責，両親の不和など）が加わると，強い緊張や不安，恐怖が増大して学校にとどまることができなくなり，不登校に至る。 |
| 受動攻撃型 | おとなからの干渉・指示に対して，努力の放棄（すなわち，不登校）という形で不満や怒りを表現するタイプ。おとなに対して表面的には反発しないが，黙り込んだり，かたくなに動こうとしなかったり，（いったんは素直に動いても）すぐに努力を放棄したりする。おとなからは「怠けている」ととらえられることも多い。 |
| 衝動統制未熟型 | 衝動性の統制がうまくできないタイプ。注意欠如・多動症などの発達障害，被虐待体験による反応性愛着障害，人格障害などが背景にある場合もある。自己中心的であるととらえられるような行動をくり返すことで周囲から孤立してしまい，自信を失い，苛立ちを強めた結果，学校参加への意欲を失い不登校へと至る。 |
| 混合型 | 上記が混合するタイプ。 |

ます。これらは必ずしも単独で存在するのではなく，複数の背景・要因が複雑に関連しながら不登校へとつながっています。もちろん，いじめの解消など，不登校の直接の引き金になっている要因を取り除くことは重要です。しかし，1つの要因の解決がそのまま不登校の解消につながるというわけでは必ずしもありません。また，ある子どもにとっては問題のない環境であっても，別の子どもにとっては不登校へとつながる環境であることもしばしばあります。たとえば，「楽しんで部活動を行いたい」と考えている子どもが勝敗を重視する部活に入部すると，仲間同士の競争的雰囲気や部活顧問の厳しい指導に苦痛を感じ，不登校になることがあります。また，そのようにして不登校になった子どもが，穏やかな雰囲気の部活へと転部することで，心が安定し，再登校できるようになることもあります。このような**本人と環境とのマッチングの問題**にも留意しましょう。

### （1）各発達段階の特徴

　それでは，各発達段階の特徴から不登校の背景について説明します。各発達段階において，子どもがどのような点でつまずきやすいのかを理解しましょう。

　**①幼児期**：幼児期には，基本的な生活習慣を身につけるためのしつけが開始されます。また，幼稚園入園をきっかけに，それまでの保護者を中心とした対

人関係が，仲間や幼稚園の先生なども含めた対人関係へと広がっていきます。このようななかで，家族以外のおとなや仲間集団と関わること，そして，基本的な社会のルールや善悪の判断を身につけることが，この時期の課題となります。

　幼児期の不登園の背景のひとつに，**母子分離**の問題があります。それまでの母子関係において安定した愛着を形成している子どもは，母親を安全基地としてあらたな世界を探索することが可能です。しかし，安定した愛着を形成できなかった子どもは，母親と離れることに多大な不安（**分離不安**）を感じ，登園できなくなる場合があります。

　**②児童期**：児童期の子どもは，小学校での集団生活におけるルールを身につけるとともに，学習活動を行いながら知識や技能を習得し有能感を高めていきます。また，中学年頃になると徒党集団を形成し，仲間とともに活動することにより，社会的スキルや集団での役割・行動様式を獲得していきます（**ギャング・エイジ**）。

　児童期には，母子分離の問題に加え，学習や仲間関係におけるつまずきが不登校の背景要因となりえます。また，小学校は，幼稚園や保育園と比べ，「授業中は着席する」「宿題をやる」など，ルールや教師からの要求が増える場でもあります。思い通りにならない事態や我慢が必要な場面を前にした時，それに耐える力や困難に対処する力が育っていない場合には，混乱や苦痛を感じ，不登校へとつながる場合もあります。

　**③思春期・青年期**：思春期・青年期は，身体的・心理的に大きく変化する時期です。身体的には，第2次性徴が生じます。また，心理的には，親への反抗と依存（甘え）のあいだを揺れ動きながら，心理的な自立を果たしていきます（**心理的離乳**）。加えて，**公的自己意識**の高まりにより，他者からみた自分が気になるようになります。このようななかで，「自分とは何か」「自分には何ができるか」といった**アイデンティティ**を模索・確立していくことが，この時期の大きな課題となります。

　思春期・青年期の不登校の背景要因の1つには，上記のような変化への試みと戸惑いがあります。また，この時期の子どもの不安定な心の支えとなるのが，仲間の存在です。この時期の子どもにとって，仲間集団は重要な居場所ですが，それゆえに，仲間とのトラブルが不登校へとつながるケースは少なくありません。

### (2) 発達障害

　**発達障害の二次障害**として，不登校が生じる場合もあります。発達障害のある子どもは，その特性から，集団生活になじめない，授業についていけないなど，対人関係や学習の面で問題を抱えやすいといえます（第3章も参照のこと）。学校や家庭で適切な対応がなされない場合，子どもの自尊心が低下し，不登校へとつながる可能性があります。その子どもの特性にあった支援を行うとともに，二次的な問題が生じていないかにも目を配ることが重要です。

## 2. 不登校の子どものこころ

　不登校の子どもたちは，何を感じ，何を求めているのでしょうか。ここでは，伊藤（2005）のデータをもとに考えていきましょう（図4-3）。「行きたくなければ行かなくてもよい」と思う子どもが70％を超える一方で，65％の子どもは「行けるものならば行きたい」と回答しています。「行かなくてもよい」と「行きたい」とのあいだでこころが揺れ動いていることがわかります。次に，親や教師からの働きかけに対する子どもの思いに注目してみましょう。多くの子どもが「学校についてはそっとしておいてほしい」「教師による家庭訪問や電話連絡をしてほしくない」と感じており，登校刺激を嫌う子どもが多いことがわかります。しかし，「だからといって，教師や学校，あるいは親を完全に拒否しているわけではない」という子どもの複雑なこころの動きに留意しましょう。「あれこれ言われるのはイヤ。でも，何も言われなくなるのも不安になる」という子どもや，「心配してもらえるのはうれしい。でも，それを重荷に感じる」という子どもも少なくありません。

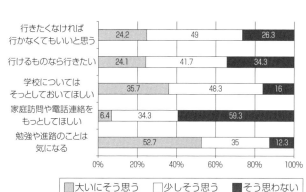

**図4-3　不登校をめぐる子どもの意識**（伊藤，2005をもとに作成）

こうしたアンビバレントなこころの揺れ動きに寄り添いつつ，どのような働きかけを，誰が，いつ，どのように行うのかについて検討することが重要です。

 ## 第3節　不登校支援のあり方

### 1. 不登校支援における基本的な姿勢

不登校支援においては，子どもとの信頼関係の形成や，丁寧なアセスメント（状態把握），個別の支援計画の作成，学校内外の連携とチーム援助といった，教育相談における基本的な姿勢に加え，以下の点に留意して支援をすることが重要です。

#### (1) 丁寧なアセスメントのもとにかかわりを継続すること

不登校支援において重要なのは，子どもへのかかわりを継続することです。ここでいう「かかわり」とは，「待つこと」や「見守ること」も含んだものですが，決して「放っておく」ことではありません。また，現段階では「見守る」というかかわりが適切であったとしても，後に「学校の情報を与える」というかかわりが必要な段階へと変化することもあります。子どもをよく観察し，その時々の状態をしっかり把握したり，学習・健康・友人関係など多面的に子どもの様子をとらえるといった丁寧なアセスメントを行い，子どもの状態やその変化に合わせて，かかわりの内容を変えていくことが重要です。

#### (2) 将来の社会的自立の視点をもつこと

不登校支援とは，単に再登校のみを目標とした支援ではなく，「不登校の子どもたちが一人ひとりの個性を生かし社会へと参加しつつ充実した人生を過ごしていくための道筋を築いていく活動への支援」（森田，2003）でもあります。人や社会的な場とのつながりを通して社会への参加を果たせるよう，根気強く支援していくことが大切です。

#### (3) 不登校になる前の予防的教育・支援を充実させること

不登校支援においては，予防的な教育・支援が非常に重要です。たとえば，**ソーシャル・スキル・トレーニング**や**構成的グループ・エンカウンター**などの活動を通して，子どもの社会的スキルや，他者と自分への信頼感を育んでいく

とよいでしょう（第8章・10章も参照のこと）。また，普段から学校内の環境を整えておくことも大切です。たとえば，学校に設置されている相談室は，子どもや保護者にとって敷居が高くなりがちです。入室しやすい雰囲気づくりや相談室便りの発行などを通して，気軽に悩みを相談できる場所になるようにしておくとよいでしょう。もちろん，普段から子どもや保護者との信頼関係を構築しておくことも重要です。

### (4) 学校・支援機関・家庭が連携すること

不登校支援においては，関係者・関係機関間で情報を共有するなどの連携が重要です。近年では，学校外における支援機関も増加しています（第11章も参照のこと）。支援機関につなげる際には，本人と保護者に十分な説明をすることが必要です。説明が十分でなく，本人や親が納得していない場合は「学校に見捨てられた」といった感情を抱きやすくなります。

## 2. 不登校の経過の理解と支援

不登校はどのような経過をたどるのでしょうか。ここでは，小澤（2003）による5つの段階と，それぞれの段階で必要な支援について説明します（表4-2）。

**表4-2　不登校の経過**（忽那，2010）

| 各期 | 状態像 | かかわり |
|---|---|---|
| 前兆期 | 日常生活が苦しくなり始めている。元気が無い，孤立感。今までと違う状態。まだ欠席等の形には表れてはいない。 | 生徒の変な感じを察知して対応。援助の目的は「孤立感の緩和」。 |
| 初　期 | 情緒的不安定。頭痛・腹痛等の身体症状。遅刻欠席が始まる。成績の低下。食事や睡眠の乱れ。 | 援助の目的は「安定させること」。本人を責めず休息と安静を心がける。適切な初期対応を欠くと長期化する場合がある。 |
| 中　期 | 日常生活が回復し，学校のことを言われなければ穏やかに暮らせる。 | 援助の目的は「エネルギーをためさせる」こと。膠着状態になりがち。個々のケースを見立てること，経験に裏打ちされた種々の援助方法をもつことが大切。 |
| 後　期 | 活動性が高まる。進路や就職などの課題に向かう。 | 援助の目的は「活動への援助」。現実的な考えや行動に対して具体的な援助をする。 |
| 社会復帰 | 卒業，進学等の節目をきっかけに復帰していく。 | 受入れ態勢が大切。軌道に乗るまで支える。 |

### (1) 前　兆　期

　子どもの不適応が進行し，不登校になる直前の段階です。この段階の支援において重要なのは，子どもの異変に素早く気づくことと，子どもを孤立させずに，他者（とくにおとな）とのあいだに安心できる関係を築くことです。

### (2) 初期：学校を休み始めた時期

　この時期の子どもは，身体症状（頭痛・腹痛等）や情緒不安定性などさまざまな状態を呈します。これらの症状は，子どもの言葉にできない気持ちが表れたものと考えられます。これらの症状を示すに至った子どもの気持ちに気づき，子どもの自己存在感・自己肯定感を高められるよう配慮することが大切です。

### (3) 中期：欠席が長期化した時期

　この時期には，昼夜逆転をしたり家に閉じこもったりすることがあります。これは「巣ごもり」ともいわれ，じっくりと自分自身を見つめている時であるといえます。一見，だらけているようにもみえますが，焦燥感や自己嫌悪感をもっていることも少なくありません。子どもの心理的状態を理解した上で，彼らが安心して心のエネルギーを蓄えられるよう支援することが必要です。

### (4) 後期：再登校の準備の時期

　心理的な安定とともに，生活リズムがもとに戻ったり，1日の予定を自分で決めたがったりするなどの主体的自己決定がみられる時期です。学校や勉強のことを気にし始め，登校の意思表示をする場合もあります。このような場合は，いきなり登校させるのではなく，どの程度であれば登校できるのか等をよく話しあうなど，前もって心の準備をさせることが重要です。たとえば，「相談室登校から始め，慣れてきたら教室に入る」「最初は1時間だけ登校し，徐々に学校にいる時間を延ばす」などの計画を子どもとともに立てていきます。この際，急な学校復帰を目指すのではなく，子どもができることから少しずつ取り組むことが大切です。また，再登校においては，友人関係と学習に不安を抱える子どもが多いため，学校と家庭とが連携し，この点について十分な配慮をする必要があります。

### (5) 社会復帰の時期：再登校の時期

　再登校に際して，子どもは，登校すること自体に大きなエネルギーを使います。子どものもつ登校への焦りや過度の期待を助長しないように留意しましょ

う。どの程度登校するのか，どの教師が対応するのかなど，子どもが学校での過ごし方を具体的にイメージできるよう話しあうことが必要です。また，再び欠席に転じる場合があることも念頭に，子どもの生活が軌道に乗るまで長期的な視点で関わることが重要です。

### 3. 近年の不登校支援に関する施策

これまで，文部科学省はさまざまな不登校支援の施策を講じてきました。たとえば，スクールカウンセラーや「子どもと親の相談員（心の教室相談員）」の配置，スクールソーシャルワーカーの活用，教育支援センターの整備など，不登校をめぐる状況の変化に応じるべく，多様な支援が行われています。

それでは，近年ではどのような施策が行われているのでしょうか。ここでは，2016年に公布された教育機会確保法を中心にみていきましょう。

#### (1) 教育機会確保法と基本指針

2016年12月に「**義務教育の段階における普通教育に相当する教育の機会の確保等に関する法律**」(教育機会確保法) が公布されました。教育機会確保法は，不登校の子どもへの支援等について規定する法律であり，5つの基本理念からなっています（表4-3）。

2017年3月には，これを推進するための基本的な指針である「**義務教育の段階における普通教育に相当する教育の機会の確保等に関する基本指針**」(以下「基本指針」) が策定されました。また，2019年10月には，これらに関する通知をまとめた「不登校児童生徒への支援の在り方について（通知）」が出されています。

#### (2) 教育機会確保法と基本指針のポイント

それでは，教育機会確保法と基本指針のポイントを以下の3点から説明します。

① **不登校を「問題行動」としてとらえない**：教育機会確保法において，不登校

表 4-3　教育機会確保法の 5 つの基本理念

1. すべての子どもが安心して教育を受けられる学校環境の確保
2. 個々の子どもの状況に応じた不登校支援の実施
3. 不登校の子どもが安心して教育を受けられる学校環境の整備
4. 年齢や国籍等を問わない，能力に応じた教育を受ける機会の確保
5. 国・地方公共団体・民間団体などの密接な連携

第4章　不登校　67

は，多様な要因・背景による結果として現れるものであり，誰にでも起こりうるものとしてとらえられています。したがって，不登校を「問題行動」としてとらえないことが強調されています。

　② **社会的自立の尊重**：不登校支援の目標は，子どもがみずからの進路を主体的にとらえ，社会的自立を目指せるようにすることとされています。「学校に登校する」という結果のみを目標にせず，個に応じた多様な社会的自立に向けて目標の幅を広げた支援を行うとしています。

　③ **多様で適切な教育機会の確保**：学校内外の学びの場を整備し，子どもの状況に応じた学びを保障する支援を行うとしています。学校外における学びの場としては，教育支援センター，学びの多様化学校（不登校特例校），NPO法人・フリースクール，夜間学校，ICTを活用した学習支援等があります。民間団体も含め，各機関が相互に密接に連携して支援にあたるとしています。

 ## 実践に向かって──保護者支援と家庭との連携

　家庭は，子どもの心理的安定と成長の土台となる場所です。そのため，不登校支援においては，保護者への支援と連携が欠かせません。学校と家庭とが，「子どもの成長・発達」という共通の目標に向かい，ひとつのチームとして子どもの支援にあたることが大切です。

### 1．不登校をめぐる保護者のこころの理解

　保護者は学校にどのような対応を望んでいるのでしょうか。菅野ら（2001）によると，保護者は，連携・環境調整，学校からの連絡，本人や保護者に会って話をする，といった対応を望んでいますが（表4-4），「朝，迎えに行って登校を促す」などの対応は望んでいませんでした。この結果から，保護者は，直接的に登校を誘うような対応は望んでいないものの，それは「関わってほしくない」ということではなく，家庭との連携を密にとり，子どもや保護者の様子に心を配ってほしいと願っていることがわかります。

表 4-4　保護者が教師に望む対応 (菅野ら，2001 をもとに作成)

①連携・環境調整
　校内の教育相談係やスクールカウンセラーとの連携を密にする。
　保健室や別室などの居場所を作って，登校しやすいように学校での環境を整える。
　クラスメイトに本人のことを理解してもらう。

②学校からの連絡
　時間割や学校の様子などについて連絡する。
　宿題や授業のプリントなどを持っていく。
　行事の前に連絡し，誘う。

③本人や保護者に会って対応する
　子どもの訴えや悩みに耳を傾ける。
　保護者に対処や態度について助言したり，保護者の相談にのったりする。
　保護者と面接して家庭での様子を聞く。

## 2．保護者支援と家庭との連携のために

　保護者の支援を行い，学校と家庭とが連携していく上で，どのような点に留意したらよいのでしょうか。以下にそのポイントを説明します。

### （1）継続的に関わること

　保護者の多くは，わが子が不登校であることに対し，戸惑いと不安を抱えています。自分の子育てのあり方が否定されたように感じたり，思うように学校に行ってくれない子どもに対して怒りを感じる保護者も少なくありません。保護者自身が心理的に安定し，子どもとよりよく向きあうためにも，このような保護者の不安や悩みに寄り添いながら，かかわりを継続することが大切です。

### （2）教師と保護者の意識のずれに留意すること

　菅野ら（2001）は，教師と保護者とのあいだで不登校をめぐる意識にずれがあることを指摘しています。第1のずれは，保護者は教師に比べて不登校を肯定的にとらえることが難しく，それゆえ登校してほしいと望む傾向が教師よりも強いことです。第2のずれは，保護者は学校に不登校の原因があると考え，一方，教師は家庭に原因があると考える傾向にあるということです。そのため，不登校の原因探しに終始し，両者が敵対関係に陥ってしまうこともあります。

　保護者支援と家庭との連携の際には，教師と保護者とのあいだに意識のずれがある可能性があることを念頭にいれ，それぞれの立場や気持ち，考え方を理

解するところから始めることが必要です。　　　　　　　　　　（鈴木　みゆき）

> ### 演 習 問 題
> （1）図 4-2 を見ると，他の学校段階と比較し，中学校での不登校生徒数が多いことがわかります。この理由として考えられることを述べてみよう。
> （2）不登校の子どもをもつ保護者を支援する上で，教師はどのような点に留意するべきかを説明してみよう。

### 【引用文献】

伊藤美奈子（2005）.「適応の場」に関する総合調査から見る現状と課題　不登校児童生徒の「適応の場」に関する総合的研究研究会（研究代表　相馬誠一）（編）　不登校児童生徒の「適応の場」に関する総合的研究　pp.44-96

忽那仁美（2010）. 不登校と教育相談　石川正一郎・藤井泰（編著）　エッセンス学校教育相談心理学　北大路書房　pp.112-125.

文部科学省（2023）. 令和 4 年度　児童生徒の問題行動・不登校等生徒指導上の諸問題に関する調査について

森田洋司（編著）（2003）. 不登校—その後——不登校経験者が語る心理と行動の軌跡　教育開発研究所

小澤美代子（2003）. 上手な登校刺激の与え方——先生や家庭の適切な登校刺激が不登校の回復を早めます！　ほんの森出版

齊藤万比古（編）（2007）. 不登校対応ガイドブック　中山書店

菅野信夫・網谷綾香・樋口匡貴（2001）. 不登校に関する保護者の意識と対応——教師を対象とした調査との比較検討も交えて　広島大学大学院教育学研究科紀要　第三部　教育人間科学関連領域，**50**，291-299.

徳田仁子（2012）. 不登校・ひきこもり問題の理解と対応——スクール・カウンセラーの特質を活かして　本間友巳（編著）　学校臨床——子どもをめぐる課題への視座と対応　金子書房　pp.20-37.

# いじめ
### いじめる子，いじめられる子，いじめを見ている子

　本章では，生徒指導上の重大な課題であるいじめについて解説します。2013年にいじめ防止対策推進法が制定され，学校現場では，いじめ問題への対応が強く求められるようになりました。いじめという言葉は誰しもが知っている言葉です。しかし，「いじめとは何か」という問いに対しては，わが国のとらえ方を明確に答えられる人は，少ないかもしれません。学校で起こるいじめに対しては，未然予防，早期発見，早期対応が重要とされます。未然予防を行うためには，いじめを正しく理解し，そして，いじめの実態を知る必要があります。早期発見対応を実践するためには，教職員がいじめについて共通認識し，組織的に対応することが必要とされます。本章では，いじめとは何か，いじめにはどのような特徴があるのか，いじめにはどのような対応が必要なのか，の3つの観点からいじめについて考えていきます。

##  第1節　いじめとはなにか？──いじめのとらえ方と現状

　本節では，いじめ防止対策推進法によるいじめの定義をもとにいじめのとらえ方について説明します。また，毎年，文部科学省が報告している「児童生徒の問題行動・不登校等生徒指導上の諸問題に関する調査」（以下：問題行動等調査）の結果をもとに，いじめの現状について概観します。

### 1. いじめの定義

　2013（平成25）年に，学校だけでなく，家庭，地域，関係諸機関と連携し社会全体でいじめ問題に取り組むための基本的な理念や体制を定めた法律「いじめ防止対策推進法」（以下：いじめ防止法）が制定されました。いじめは心身の成長に影響を与えるだけなく，時に生命を危険にさらす行為です。学校の教職員だけでなく私たち自身も含めた社会全体でいじめ問題に取り組む必要があります。いじめ防止法には，いじめの定義，いじめの防止等のための基本的な方針

の策定，いじめの防止等のための組織設置，重大事態への対処等について定められています。また，いじめ防止法に加えて，国はいじめ防止法第11条に基づき，いじめ防止対策のための具体的な内容や運用を定めた「いじめの防止等のための基本的な方針」（以下：国の基本方針）を策定しています（文部科学省，2017a）。近年の生徒指導のトラブルは，法化現象と呼ばれるように，法律による対応や解決が一般的になっています（八並・石隈・田村・家近，2023）。いじめ防止対策推進法や国からの方針等の理解が非常に重要といえます。

　いじめに対応するためにはいじめを正しく理解することが不可欠です。教育現場では法律上のいじめの定義に基づき対応していく必要があります。いじめ防止法（第2条）において，「いじめ」とは，「児童等に対して，当該児童生徒が在籍する学校に在籍している等当該児童等と一定の人的関係にある他の児童等が行う心理的又は物理的な影響を与える行為（インターネットを通じて行われるものを含む。）であって，当該行為の対象となった児童等が心身の苦痛を感じているもの」と定義されています。また，国の基本方針では，「個々の行為が『いじめ』に当たるか否かの判断は，表面的・形式的にすることなく，いじめられた児童生徒の立場に立つことが必要である」とされています（文部科学省，2017a, p.4）。法律上の定義では，被害を受けている子どもの視点でいじめを広くとらえており，これには早期発見，早期対応の意識，すなわち，「いじめを見逃さない」という意識を高める目的があります。

　以上のように，行為を受けた人が心身の苦痛（たとえば，つらい，痛い，学校に行きたくないと感じる，など）を感じていたら，その行為は，法律上の「いじめ」に該当します。いじめを行う加害者は，「ふざけているだけ」，「相手のためになる」などという理由をよく口にしますが，加害者の意図は関係ありません。また，いじめられる側にも問題があるという見方もされることがありますが，いじめという行為を正当化することにもつながりますし，被害にあっている子どもの立場を優先していることにはならない見方です。被害者に落ち度があっても「いじめ」という行為は許されるものではありません。

## 2. いじめの現状

　図5-1は,「問題行動等調査」のデータで, いじめ防止法制定後の2013（平成25）年度〜2022（令和4）年度までの認知件数を示しています（文部科学省, 2023）。認知件数は,「学校（教職員）が把握できたいじめの件数」を意味します。いじめ防止法制定以降, 認知件数は増加し続けています。この結果の文部科学省（2016）の見解として, いじめの認知件数が多いことは教職員の目が行き届いていることの証ととらえており, いじめ防止法の定義に基づきいじめを幅広くとらえ, 早期発見, 早期対応につなげる意識が高まった結果, と報告しています。

　令和4年度の調査結果を表5-1にまとめました（文部科学省, 2023）。調査結果からいじめについて考える際, 単にいじめの認知件数がどの程度かをみるだけでは十分ではありません。「認知件数」の増減ではなく, いじめに対してどのように対応したかの指標となる「解消率」が今後いじめ問題を考える上で重要です。いじめを認知した学校の割合は, 小学校で9割以上, 中学校で8割以上となっているように,「いじめはどの子供にも, どの学校でも, 起こりうる」ことです（文部科学省, 2017a, p.2）。いじめの見逃しをなくすよう積極的にいじめの認知を行い, 1件でも多く対応して解消していくことが重要となります。なお, 単に謝罪をもって安易に「解消」としてしまうケースもみられますが,

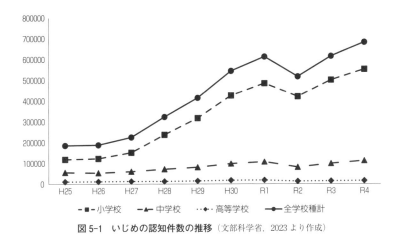

**図5-1　いじめの認知件数の推移**（文部科学省, 2023より作成）

表 5-1　2022（令和 4）年度のいじめの認知件数・態様等（文部科学省，2023 より作成）

| | 小学校 | 中学校 | 高等学校 | 特別支援学校 | 計 |
|---|---|---|---|---|---|
| 認知件数<br>（児童生徒<br>1,000 人あたり<br>件数：件） | 551,944<br>(89.1) | 111,404<br>(34.3) | 15,568<br>(4.9) | 3,032<br>(20.7) | 681,948<br>(53.3) |
| いじめを認知<br>した学校数<br>（全学校数に占<br>める割合：%） | 17,420<br>(90.1) | 8,723<br>(85.1) | 3,207<br>(57.2) | 492<br>(42.1) | 29,842<br>(82.1) |
| 解消している<br>もの<br>（認知件数に占<br>める割合：%） | 426,635<br>(77.3) | 84,725<br>(76.1) | 12,113<br>(77.8) | 2,300<br>(75.9) | 525,773<br>(77.1) |
| 重大事態件数 | 390 | 374 | 156 | 3 | 923 |
| いじめの態様<br>全 9 区分のう<br>ち上位 3 区分<br>（複数回答可）注1 | ①冷やかし・<br>悪口（56.4%）<br>②軽くぶつか<br>る・叩く<br>(25.7%)<br>③仲間外れ・<br>集団無視<br>(12.2%) | ①冷やかし・<br>悪口（62.0%）<br>②軽くぶつか<br>る・叩く<br>(14.3%)<br>③ PC や携帯<br>電話での誹謗<br>中傷（10.2%) | ①冷やかし・<br>悪口（59.4%）<br>② PC や携帯<br>電話での誹謗<br>中傷（16.5%)<br>③仲間外れ・<br>集団無視<br>(15.9%) | ①冷やかし・<br>悪口（46.6%）<br>②軽くぶつか<br>る・叩く<br>(23.5%)<br>③嫌なことや<br>危険なことを<br>する・させる<br>(13.2%) | ①冷やかし・<br>悪口（57.4%）<br>②軽くぶつか<br>る・叩く<br>(23.4%)<br>③仲間外れ・<br>集団無視<br>(11.7%) |

（注 1）1.冷やかし・悪口，2.仲間外れ・集団無視，3.軽くぶつかる・叩く，4.ひどくぶつかる・叩く，
5.金品をたかる，6.金品を隠す・壊す，7.嫌なことや危険なことをする・させる，8.PC や携帯電
話での誹謗中傷，9.その他の 9 区分。

　いじめが解消された状態とは，①被害者に対する心理的又は物理的な影響を与える行為（インターネットを通じて行われるものを含む。）が止んでいる状態が相当の期間（3 ヵ月が目安）継続している，②被害者が心身の苦痛を感じていないこと，の 2 つの要件を満たしているかで判断します（文部科学省，2017a）。

　いじめの重大事態について理解することも重要です。2022（令和 4）年度におけるいじめの重大事態の件数は全体で 923 件と報告されており増加傾向にあります。認知件数とは異なり，重大事態の件数が増加していることは憂慮すべき状況といえます。いじめの重大事態とは，いじめ防止法 28 条により，いじめにより生命，心身又は財産に重大な被害が生じた疑いがある場合（生命・心身・

財産重大事態），いじめにより相当の期間学校を欠席することを余儀なくされている疑いがある場合（不登校重大事態）の2種類に分かれます。いじめ防止法および国の基本方針に基づく対応を徹底するために，「いじめの重大事態の調査に関するガイドライン」が定められました（文部科学省，2017b）。公立学校の場合，重大事態の発生を認知した場合，ただちに教育委員会に報告する必要があります。なお，児童生徒・保護者から重大事態に至ったという申立てがあった時には，その時点で学校が「いじめの結果ではない」あるいは「重大事態とはいえない」と考えたとしても，重大事態が発生したものとして報告・調査に当たる必要があります。

 ## いじめの特徴

本節ではいじめの特徴について説明します。まず最近のいじめの特徴について述べ，次にいじめを受けた被害者の心の傷について述べます。そして，最後に加害者の特徴をまとめます。

### 1. 最近のいじめの特徴
#### (1) いじめの態様

表5-1のいじめの態様の結果では，報告されたいじめがどのような内容だったのかも示しています。態様とは，第1節で述べた現在のいじめの定義のなかにある「心理的又は物理的な影響を与える行為」の内容ということになります。いじめの態様の上位を占める内容をみると，「いじめ」行為として頻繁に発生しているのは「暴力を伴わないいじめ」であることがわかります。また，年齢が高くなるとパソコンや携帯を使ったインターネット上のいじめも増えています。このようないじめは「ネットいじめ」と表現されています。ネットいじめは，子どもたちを取り巻く環境の変化に伴う新しい形のいじめ問題であり，その対応は緊急の課題となっています。

#### (2) いじめの加害者と被害者の流動性

加害者と被害者が固定化していないのも最近のいじめの特徴です。ここでは，

表5-2 「仲間はずれ，無視，陰口」の被害経験率，加害経験率（国立教育政策研究所，2021 より作成）

| 対象 | 小学校 | | | | | 中学校 | | | | |
|---|---|---|---|---|---|---|---|---|---|---|
| 実施年度 | 2004年〜<br>2006年 | 2007年〜<br>2009年 | 2010年〜<br>2012年 | 2013年〜<br>2015年 | 2016年〜<br>2018年 | 2004年〜<br>2006年 | 2007年〜<br>2009年 | 2010年〜<br>2012年 | 2013年〜<br>2015年 | 2016年〜<br>2018年 |
| 被害経験<br>6回全て<br>「ぜんぜんな<br>かった」と<br>回答した子<br>どもの割合 | 13.1 | 21.5 | 13.2<br>93/707 名 | 11.5<br>74/644 名 | 20.1<br>123/612 名 | 19.7 | 34.0 | 28.7<br>205/714 名 | 31.2<br>200/635 名 | 31.7<br>189/597 名 |
| 加害経験<br>6回全て<br>「ぜんぜんな<br>かった」と<br>回答した子<br>どもの割合 | 16.0 | 22.6 | 14.4<br>101/703 名 | 21.4<br>138/644 名 | 31.8<br>191/612 名 | 18.7 | 27.6 | 28.4<br>203/713 名 | 34.2<br>217/635 名 | 36.4<br>217/596 名 |

(注1) 数字の単位は全て%

　国立教育政策研究所（2021）の調査を紹介します。表5-2の「暴力を伴わないいじめ」の典型である「仲間はずれ，無視，陰口」の結果から，小・中学生の7割〜8割がいじめの被害にあい，同じく7割〜8割がいじめに加担したということがわかります。「仲間はずれ，無視，陰口」については，いわゆる「いじめられっ子（常にいじめられる子ども）」や「いじめっ子（常にいじめる子ども）」と呼ぶべき児童生徒は，固定した形では存在せず，子どもが入れ替わりながら進行し，大半の児童生徒が被害者，加害者を経験していることを意味しています。いじめの被害にしても加害にしても，一部の特別な児童生徒だけが関わっているわけではなく，多くの児童生徒が巻き込まれていることを考えると「いじめはどの子供にも，どの学校でも，起こりうる」と認識することの重要性が示されているといえます。

### （3）大多数の傍観者

　いじめは，被害者と加害者の2者関係のなかだけで行われるものではありません。その周囲の人たちの存在も影響します。森田・清永（1994）は，いじめが**被害者**，**加害者**のほかに，いじめ行為を見てはやしたてたり面白がったりする「**観衆**」，見て見ぬふりをすることで暗黙的にいじめを支持している「**傍観**

者」からなる4層構造になっていることを指摘しています（図5-2）。いじめの国際比較において、日本は年齢が上がるについて傍観者が増える傾向にあることが報告されています（国立教育政策研究所・文部科学省，2005）。いじめを抑止する

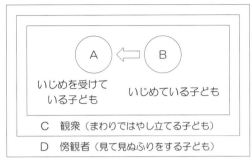

**図5-2 いじめの構造**（森田・清永，1994より作成）

ためには、傍観者のなかからいじめを止めようとする「仲裁者」を増やそうとすることも1つの方法です。しかし、児童生徒のなかには、集団への同調志向やみずからが被害者になることへの回避感情があることも多く、実際には仲裁者は出てきにくい状況があります。仲裁することが困難な場合には、信頼できるおとなに伝える「相談者」を増やす方法が考えられます。いじめかどうかの判断は不要で、傷ついている仲間がいたらおとなに知らせる方法を児童生徒に身につけさせることが必要となります。一方、学校がそのような指導を行うためには条件があり、その条件とは、情報を受け取るおとな側（学校側）が、相談者を守り、その後の対応をきちんと行う体制が整っていることです。その体制が整っていない状態で、相談者になることを児童生徒に求めることは、事態を悪化させることになることに留意する必要があります。

## 2. いじめの被害者の心の傷

　いじめの被害は心身に重大な影響を与えます（表5-3）。いじめによってできる傷は外からは見えにくい心の傷であり、いじめが解消されたとしても、心の傷は残ることがあります。いじめ被害は精神疾患につながる場合もあり（うつ病、不安障害、外傷後ストレス障害（PTSD）など）、おとなになってからも苦しんでいる人もいます。また、いじめの被害によって、自分の命を絶つ子どももいます。被害者の立場に立っていじめをとらえる必要があるのは、このいじめによる心の傷が非常に大きいことがあるからです。一方で、いじめの長期にわたるマイ

**表 5-3　いじめ被害による心身の変化**（武田，2012 を参考に作成）

| | | |
|---|---|---|
| ・気分が落ち込む | ・イライラする | |
| ・感情の起伏が激しくなる | ・ものごとに集中できなくなる | |
| ・無力感におちいる | ・今まで楽しめたことが楽しめなくなる | |
| ・何もする気がなくなる | | |
| ・人を信じられなくなる | ・傷つきやすくなる | |
| ・人とあったり話したりすることが怖くなる | | |
| ・自信が持てなくなる | ・警戒心が強くなる | |
| ・物事を悪いほうへ考えてしまう | | |
| ・将来に希望が持てなくなる | | |
| ・夜眠れなくなる | ・食欲がわかなくなる | ・頭が痛くなる |
| ・お腹や胃が痛くなる | ・過呼吸になる | ・過食，拒食 |
| ・成績が落ちる | ・不登校になる | |

ナスの影響を克服し，たくましさを身につけて生活している人もいます。調査の結果からも，いじめを経験したことで，他者に優しくなれた，精神的に強くなれたなどプラスの影響も報告されています（香取，1999）。しかし，このような報告の多くは，過去のいじめのマイナスの影響を克服し，大学生や短大生になることができた人が対象となっています。いじめの被害者に対して，時折，悪気はないものの「強くなれる」，「成長する機会になる」と安易な励ましをすることも見受けられます。しかし，今まさに被害を訴えて苦しい思いをしている被害者に対しては，とくに初期対応の段階で，プラスの面を強調することは，いじめを正当化することにつながる危険があることに注意する必要があります。

## 3. いじめの加害者の特徴

　文部科学省（2022）によると，いじめの衝動を発生させる原因として，①心理的ストレス（過度のストレスを集団内の弱い者を攻撃することで解消しようとする），②集団内の異質な者への嫌悪感情（凝集性が過度に高まった学級・ホームルーム集団では，基準から外れた者に対して嫌悪感や排除意識が向けられることがある），③ねたみや嫉妬感情，④遊び感覚やふざけ意識，⑤金銭などを得たいという意識，⑥いじめの被害者となることへの回避感情があげられています。

　暴力行為を伴うようないじめを行う加害者には，高い攻撃性，強い支配欲求

など問題性が高い児童生徒として，明らかな特徴が認められる場合もあります。しかし，上記のいじめの衝動を発生させる原因は誰のなかにも生じるものであり，いじめの大半が仲間外れや無視，悪口といった行為であることや，いじめの加害者と被害者が容易に入れ替わることを考えると，特定の児童生徒が加害者になるというよりは，どの児童生徒も加害者になりえる可能性があるという認識が必要となりますし，加害者にさせないための未然予防教育が求められます。

 **第3節　実践に向かって──いじめの予防と対応**

### 1. いじめ防止法で求められている学校の取組

　いじめ防止法が制定されたことにより，各学校は，①いじめ防止のための基本方針の策定と見直し，②いじめ防止のための実効性のある組織の構築，③未然防止・早期発見・事案対処における適切な対応を行うことが義務づけられました。

　いじめ防止法第13条において各学校はいじめ防止のための基本方針として「学校いじめ防止基本方針」を策定することが義務づけられています。学校いじめ防止基本方針は，国や地方公共団体が策定する基本方針を受けて，各学校におけるいじめ防止等の取組をどのように行うかについて基本的な方法や取組の内容を定めることになっています。学校いじめ防止基本方針はいわば行動計画といえるものなので，基本方針の共有化は，教職員間のいじめに対する共通理解や，個々の教職員が一人で抱え込まず組織的に対応することにつながります。また，各学校のホームページに掲載するなどにより，児童生徒，保護者，地域の方々といじめの取組について共有することが求められています。

　いじめ防止法第22条において，すべての学校にいじめ対策の校内組織（以下学校いじめ対策組織）を設置することが義務づけられました。学校いじめ対策組織は，各学校の策定した「学校いじめ防止基本方針」に基づいて，いじめの未然防止から事後対応等に至るまでのさまざまな取組を推進する組織となります。

　また，いじめ防止法第8条において，学校および学校の教職員は，①いじめ未然防止，②早期発見，③適切かつ迅速な対処を行うことが責務であると規定

されています。従来は，どちらかというといじめが起こった後の「対処」に焦点が当てられがちでしたが，いじめ防止法制定以後は，未然防止，早期発見対応がより重視されるようになっています。各学校においては，「いじめを見逃さない」という姿勢を教職員間で共有し，いじめを生まない環境づくりを進めることが求められます（文部科学省，2022）。また，児童生徒一人ひとりを加害者にさせないための取組も必要です。いじめは人間関係上の問題でもあるため，昨今ではいじめ防止対策に限らず，児童生徒の対人関係能力の向上を目指す心理教育の重要性も高まっています（心理教育については第10章）。

## 2. 生徒指導提要におけるいじめに関する生徒指導の重層的支援構造

　文部科学省は2022年に生徒指導の基本書である『生徒指導提要』を改訂しました。生徒指導提要では2軸3類4層の重層的支援構造を提唱しています。いじめに関する生徒指導の重層的支援構造の実践例を図5-3に示します。生徒指導提要においても，いじめ防止法の理解の重要性や，事案発生後の困難課題対応的生徒指導のみならず，すべての児童生徒を対象とする発達支持的生徒指導及び課題予防的生徒指導をより重視する必要性が述べられています。いじめの課題に対応するために，生徒指導提要も参照するようにしてください。

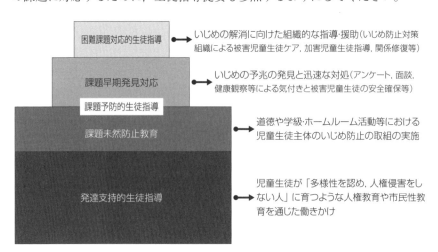

**図 5-3　いじめ対応の重層的支援構造**（文部科学省，2022, p.129）

### 3. いじめへの対応

#### (1) 初期対応の重要性

　いじめが起こってしまった時の対応では，初期対応がきわめて重要です。初期対応とは，児童生徒・保護者からいじめの相談を受けたり，教師がいじめを発見し，いじめられている児童生徒と話しあいの場をもったりした時から解決に向けての指導方針を決定するまでの間のことです。その初期対応をいかに適切に行うかが，その後の解決に向けた展開に大きく左右します。初期対応が適切でない場合，相談者（保護者含む）が学校に不信感をいだくことにつながります。学校の対応が相談者の不信感に結びついた事例として，問題を軽視して積極的に取り組んでくれない，何をもって解決とするかの認識がずれている，経過等の報告を学校が保護者等に連絡しない，などがあげられています（三木，2012）。いじめ問題への対応は，学校，保護者が協力して行うことで早期解決に向かいます。学校への不信感をいだかせないようにするためにも，初期対応は非常に重要なのです。

　いじめの初期対応で重要なことは，①学校全体で組織的に対応すること，②被害者のケアを最優先にすること，③いじめの実態を正確につかむこと（事実確認）があげられます。いじめの初期対応の流れを図5-4に示します。

　いじめを発見し解決に向けた行動をとることになった場合，事実確認は慎重に行う必要があります。被害者に対する事実確認は，話を聴く場所，時間に配慮しながら，丁寧にじっくりと傾聴し，被害者の安心が得られるような姿勢を示すことが必要です。加害者に対する事実確認では，まず批判や否定，判断はせずに事実の確認を行います。事実確認後の対応は，後に述べる加害者への対応を参照してください。また，加害者が複数の場合は，口裏を合わせないように，複数の教員が連携し，加害者全員と個別に同じ時間内に，聴きとりをするなどの工夫も必要です。

#### (2) いじめの被害者，加害者，観衆，傍観者への対応

　**①被害者への対応**：いじめ対応では，初期対応から一貫して被害者のケアを優先に行う必要があります。その理由は，第2節でも述べた通りです。被害者は心に大きな傷を負っています。強引に話を聞き出そうとすることや安易な励

| いじめ情報のキャッチ |
|---|
| 本人からの訴え，保護者からの訴え，他の児童生徒からの訴え，教職員の発見，アンケート調査の結果，地域の方からの情報提供　など |

- 訴えがあった場合には，十分に聴き取り，思いに寄り添いながら受け止める
- いじめは「どの学校にも，どのクラスにも，どの子どもにも起こりうる」という認識のもと，問題を軽視することなく早期に適切な対応をすることが重要

| 対　　応 |||
|---|---|---|
|| 内容 | 留意点 |
| ① | 周囲（学年主任，生徒指導主任，管理職等）に報告する | 一人で抱え込まず，周囲に相談することが重要 |
| ② | いじめ対応のチームを編成する or 招集する | 学年・学校の課題としてとらえ，チーム（複数人）で対応することが重要<br>既存の学内資源等を利用して編成<br>構成例；管理職，担任，学年主任，生徒指導担当，教育相談担当，養護教諭 |
| ③ | チームで初期対応の方針を立てる | 検討内容<br>・中心的な役割（リーダー）を決める<br>・チーム内での情報収集<br>・事実確認の方法の検討（いつ，誰が，どこで，誰に対して）<br>・役割分担の明確化 |
| ④ | 当該児童生徒に対して事実を確認する | 被害者，加害者の両方，場合によっては第三者 or 情報提供者に対しても行う<br>ケースに応じて臨機応変に対応する |
| ⑤ | 保護者へ連絡する | 児童生徒に対して事実確認をした日に保護者に連絡する（家庭訪問，電話等）<br>客観的な事実，現在の状況，今後の方針・支援案等について説明する<br>保護者の気持ちにも配慮し，丁寧な対応を心がける<br>継続して家庭と連携を取りながら，解決に向かって取り組むことを伝える |
| ⑥ | 今後の指導体制，指導方針を決定する | 事実確認の内容をもとにチームで今後の指導方針を検討する<br>指導方針を教職員で共有することが重要 |
| ⑦ | 報告書を作成する | 今後の指導の役にたてるために記録を残すことは重要 |

※いじめの解消に向けて取り組むにあたっては，迅速な対応が大切であることから，いじめの情報が入ってから学校の方針決定に至るまでを，いじめの情報を得たその日のうちに対応することを基本とする。ただし，いじめが重篤な場合やいじめられた側といじめた側の意識にずれが生じている場合は，把握した状況をもとに，十分に検討協議し慎重に対応することが必要である。

**図 5-4　いじめ初期対応の基本的な流れ**（石川，2014 を一部改正）

ましは，二次被害をもたらします。事実確認や心の傷の深刻さを把握すること
は大切ですが，まずは，被害者の立場に立ち，気持ちを受け止めながらいじめ
について話をしていく土台を作ることが重要です。その際は，被害者の心理的
ダメージを緩和させるための心理面への配慮に加え，秘密が守られる体制，心
の整理をする時間を確保するなど環境面への配慮も必要です。心の傷が深刻な
場合には，スクールカウンセラーや専門機関と連携をとりながら対応すること
も求められます。

　ある程度話をすることができるようになったら今後のことについて話を進め
ることになります。その際も，学校側の提案だけではく，本人がどうして欲し
いのか，何を望んでいるのかを聴きながら，被害者と学校側で，一緒に考えて
いくことが重要です。被害者はいじめについて教職員に報告しても十分に安心
できません。その後の対応，加害者や周囲への指導内容についてきちんと説明
し，了解をとりながら進めていきます。

　**②加害者への対応**：初期対応においていじめの事実が確認できたら，いじめ
を止めさせることが必要です。しかし，加害者に対して，「いじめはするな」
と指導し，「わかりました」という言葉を引き出したことで指導が終了し，い
じめが止むと思い込まないことが大切です。被害者と加害者の事後の様子を継
続的に観察し，いじめが完全に解消するところまでモニターする必要がありま
す。なぜなら，逆に，指導したことによっていじめがエスカレートしたり，陰
湿化・潜在化したりすることがあるからです。

　いじめ対応において，いじめ被害を受けている子どものケアを最優先に行う
ことが重要です。しかし，いじめの加害者のなかにも，本来は心のケアが必要
であるはずの子どもたちがいる場合もあります。ギャンググループやチャムグ
ループの特徴にみられる凝集性が過度に高まった学級集団や友人関係，さらに
は家庭生活などの，本人を取り巻く環境要因によっていじめの行為が引き起こ
されていることもあります。文部科学省（2022）では，「いじめの行為は絶対に
認められないという毅然とした態度をとりながらも，加害者の成長支援という
視点に立って，いじめる児童生徒が内面に抱える不安や不満，ストレスなどを
受け止めるように心がけることも大切です」（p.136）とあります。毅然とした

態とは，一方的に説教する，罰を与えるということではなく，「ダメなもの
は何があろうともダメ」という姿勢です。いじめという行為を行ったことを自
覚させ，その行為は許されるものではないことを指導する必要があります。そ
れは，加害者個人の事情に応じて指導するのではなく，いじめという行為に対
して指導することを意味します。加害者も児童生徒の１人として，その後の将
来も含めて，対応することが重要といえます。具体的には，いじめの加害者の
行動変容に対して積極的に評価することなどがあげられます。

　③**観衆と傍観者への対応**：第２節で述べたようにいじめは集団の影響も受け
るため，観衆と傍観者への指導も必要です。被害者，被害者の保護者から了解
が得られたら観衆と傍観者，つまり学級集団に対しても指導を行います。今後
いじめが起こらないようにするための指導として，いじめを自分の問題として
とらえさせる指導や，いじめが発生している学級集団について考えさせる指導
が重要です。また，今後同じようなことが起こった時に，それぞれの立場で自
分なりに何ができるか考えさせるなど，いじめの早期発見，早期対応につなげ
る指導も必要です。

### （3）ま　と　め

　第３節において，いじめの予防，対応について述べてきましたが，いじめ問
題は，いじめに限定した予防，対応を行えばよいというものではありません。
授業や学校行事など日常的な教育活動を充実させることや，どの児童生徒にも
過ごしやすい学級経営を行うことは，児童生徒に自己存在感や充実感を与え，
教職員との信頼関係を作ることにつながるため，重要ないじめ対策となること
を忘れてはいけません。これらの取組は生徒指導提要におけるいじめ防止につ
ながる発達支持的生徒指導と考えることができます。

　現在いじめの認知件数は増加していますが，いじめ防止に効果的な多くの実
践が積み重ねられています。たとえば，文部科学省（2018）は，学校や教育委
員会等における実際の事例のなかから，いじめの防止，早期発見及び対処等の
点で，とくに優れている事例や，学校現場において教訓となる事例を掲載した
「いじめ対策に係る事例集」を作成しています。また，各自治体は，教職員が
活用するためのいじめ対応のためのマニュアルなどを作成しています。こうし

た実践を参考にしながら，いじめに苦しんでいる子どもたちをなくすための取組を学校，教職員だけでなく社会全体で，進めていく必要があります。

（石川　満佐育）

## 演習問題
　生徒指導提要（文部科学省，2022）におけるいじめの章（第4章）を読んで，未然防止教育の取組として，具体的にどのような実践ができるか考えてみましょう。

### 【引用文献】

石川満佐育（2014）．第5章　いじめ　黒田裕二（編著）実践につながる教育相談　北樹出版　p.79.

香取早苗（1999）．過去のいじめ体験による心的影響と心の傷の回復方法に関する研究　カウンセリング研究，**32**(1)，1-13.

国立教育政策研究所・文部科学省（編）（2005）．平成17年度教育改革国際シンポジウム報告書

国立教育政策研究所（2021）．いじめ追跡調査2016-2018　いじめQ&A

三木由克（2012）．教師としての対応　相馬誠一・佐藤節子・懸川武史（編著）入門 いじめ対策——小・中・高のいじめ事例から自殺予防まで　学事出版　pp.39-50.

文部科学省（2016）．いじめの認知について〜先生方一人一人がもう一度確認してください。〜

文部科学省（2017a）．いじめの防止等のための基本的な方針

文部科学省（2017b）．いじめの重大事態の調査に関するガイドライン

文部科学省（2018）．いじめ対策に係る事例集

文部科学省（2022）．生徒指導提要
　https://www.mext.go.jp/content/20230220-mxt_jidou01-000024699-201-1.pdf

文部科学省（2023）．令和4年度児童生徒の問題行動・不登校等生徒指導上の諸問題に関する調査結果について

森田洋司・清永賢二（1994）．いじめ——教室の病い　金子書房

武田さち子（2012）．子どもとまなぶいじめ・暴力克服プログラム——想像力・共感力・コミュニケーション力を育てるワーク　合同出版

八並光俊・石隈利紀・田村節子・家近早苗（編著）（2023）．やさしくわかる生徒指導提要ガイドブック　明治図書出版

# 非行と虐待
## 傷つける・傷つけられる子どもたち

> 非行は古くから存在する問題の１つであり，その対応が学校と社会の課題になっています。非行の背景にはさまざまな要因がありますが，その１つに親の虐待があります。虐待は子どもの発達全般に深刻な影響を及ぼす重大な問題であり，この問題への対応も喫緊の課題になっています。
> 本章ではこれら２つの重要な問題について考えていきます。章の前半では，非行の定義と現状，タイプと背景要因，予防と対応について述べます。後半では，虐待の種類，影響，早期発見と対応について考えます。

 **第 1 節 非行の定義と現状**

非行とは一般に法律や社会規範に反する行為等を指します。他方，**非行少年**といった場合には**犯罪少年**，**触法少年**，**ぐ犯少年**の３者を指し（表6-1），その処遇は**少年法**において定められています（図6-1）。なお，民法改正により成年年齢が20歳から18歳に引き下げられましたが，少年法では20歳未満の男女を少年と定義し，このうち18・19歳の男女を特定少年と呼んでいます。

関連する用語として**不良行為少年**があります。これは「非行少年には該当しないが，飲酒，喫煙，深夜はいかいその他自己又は他人の徳性を害する行為（不良行為）をしている少年」と定義されます（少年警察活動規則）。不良行為少年は「非行少年に該当しないが不良行為をする少年」であるため，非行少年と扱い

表 6-1　非行少年の分類と定義

| | |
|---|---|
| 犯罪少年 | 14歳以上20歳未満の罪を犯した少年 |
| 触法少年 | 14歳未満の刑罰法令に触れる行為をした少年（刑罰法令に触れる行為をしたが14歳未満であるため法律上罪を犯したことにならない少年） |
| ぐ犯少年 | 保護者の正当な監督に従わないなどの事由があり，今後犯罪少年や触法少年になる虞（おそれ）のある18歳未満の少年 |

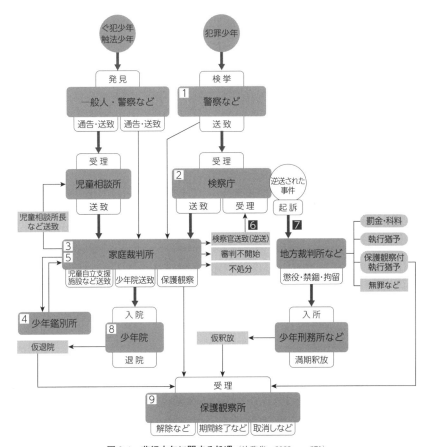

**図 6-1　非行少年に関する処遇**（法務省, 2023a, p.271）

が異なります。つまり，警察等による補導の対象になるものの，非行少年のように家庭裁判所で扱われること（図6-1の処遇）はありません。

　非行少年と不良行為少年の人数は図6-2の通り減少傾向にあります（警察庁, 2023；法務省, 2023b）。その一方で，近年の非行は多様化・低年齢化していると指摘されています。たとえば，大麻の乱用で検挙された少年の人数は2013年以降増加が続いています（文部科学省, 2022）。さらに，10代における一般用医薬品の乱用（オーバードーズ）も問題視されています（文部科学省, 2022）。これらの問題

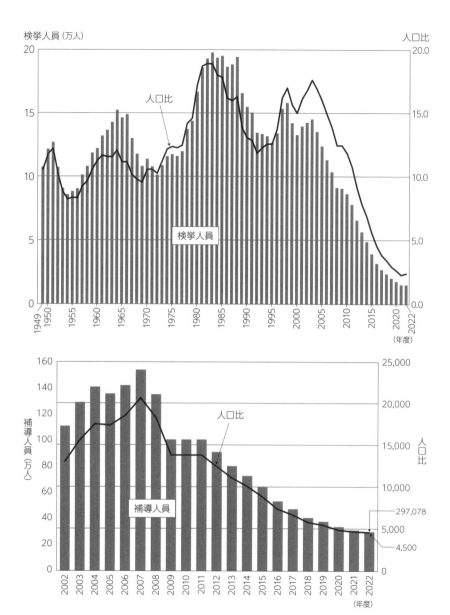

**図 6-2 犯罪少年（刑法犯のみ）の検挙数**（上：警察庁，2023）**と不良行為少年の補導数**（下：法務省，2023b）
注）犯罪少年の人口比は少年 1,000 人当たりの検挙人員を表し，不良少年の人口比は少年 10 万人あたりの補導人員を表す

は今後拡大することが懸念されており，予防的な取組の重要性が高まっています。

##  非行のタイプとその背景

　非行の対応では行為のみに注目してただ罰を与えるだけでは根本的な解決に至りません。行為の背景を多面的にアセスメントし，対応する必要があります。
　非行は，発達的な観点と家族関係の観点から，①初発年齢の早い非行，②思春期・青年期特有の非行，③目立たない児童生徒の突然の非行に分類されています（文部科学省, 2010, 2022）。生徒指導提要等に基づきそれらを説明します。

### 1. 初発年齢が早く長期間継続する非行

　このタイプは児童期（ないしそれ以前）から始まる非行であり，長期にわたって継続するという特徴があります。この非行の背景には，乳幼児期からの家庭環境の問題（親の虐待や不適切な養育等）と本人の発達上の課題（かんしゃくや衝動性等の子どもの気質的な問題）がみられます。
　このタイプの非行を起こす少年は，児童期に同じ境遇の少年と交遊することでさまざまな不良行為をくり返すようになり，それが本格的な非行（器物破損，暴力，恐喝等）へと発展していきます。また，逸脱行動をするなかで暴力の被害を受けたり，生命の危険に遭遇したりすることもあります。
　こうした家庭環境や人生経験のなかで少年は傷つき，怒りや絶望，空虚感といった感情を抱いたり，他者への不信感を強めたりするようになります。それらのネガティブな感覚を排除したり，安心感やコントロール感を回復したりするための防衛的な手段として，他者に無関心になったりその逆に攻撃的になったりするようになります。
　対応では，スクールカウンセラー(SC)やスクールソーシャルワーカー(SSW)，児童相談所等の関係機関と連携し，上記の非行の背景をふまえて粘り強く継続的に支援していく必要があります。また，非行発生後の指導では，児童生徒の言い分にしっかり耳を傾け，かれらが納得するように諭しながら指導することが大切です（文部科学省, 2010, 2022）。

## 2. 思春期・青年期特有の非行

　家庭環境に大きな問題がなく，児童期までに非行を起こしていなかったとしても，思春期・青年期に入ってから非行を起こすことがあります。このタイプの非行の背景にはこの時期特有の心理傾向や発達課題が関係しています。

　青年期は，自分がどのような存在なのか，どのようなことができるのか，と不安や迷いを抱きやすい時期です。この時によりどころとなるものが見出せず，心理的に不安定な状態に陥ることがあり，この不安定な状態から非行に及んでしまう場合があります。また，この時期には身体の面ではおとなに近づく一方で，社会的にはおとなとして認められない（たとえば，性的な成熟を迎える一方で異性交際を制限される）というギャップを経験します。青年はこのギャップに不満を抱き，自分が自立したおとなであることを誇示したり行動を制限するおとなに反抗したりしようとします。その手段として非行を起こすことがあります（Moffitt, 1993）。なお，これらの非行の発生には仲間の存在が直接的・間接的に影響していることがあります（非行仲間の行為を模倣するなど）。

　また，青年期の個人的な挫折経験が非行の引き金になることもあります。たとえば，スポーツや学業などそれまで打ち込んできたことに挫折し，それが契機となって非行に及んでしまうことといったことがあげられます。

　思春期・青年期に特有の非行は精神面での成熟によって克服が可能な場合があります（文部科学省, 2022）。日頃のかかわりのなかで早期発見・対応に努めますが，非行が起こってしまった時には，生徒の話に耳を傾け，背景にある課題を理解し，それぞれの課題に沿って丁寧に対応を進めることが大切です。

## 3. 目立たない児童生徒の突然の非行

　普段は真面目で目立たない児童生徒でも突然重大な非行に及ぶことがあります。このタイプの非行の背景には，家庭や学校生活での大きなストレスや，コミュニケーションの問題や妄想等の個人的な特性が隠れていることがあります。SCやSSW，外部の関係機関と連携してこれらの兆候を未然に発見し，重大な事態になる前に対応する必要があります（文部科学省, 2022）。

## 第3節 非行の予防と対応──4層の教育相談

非行の予防および対応として，序章で述べた4層の教育相談を進めます。それぞれの具体的な内容を，生徒指導提要（文部科学省，2010，2022）に基づいて説明します。

### 1. 発達支持的教育相談

非行の対策では，「特定の児童生徒が非行に走るのはなぜか」だけでなく，「多くの児童生徒が非行に走らないのはなぜか」と発想を変えて考えてみることが大切です。その答えの1つに「児童生徒と家庭や学校とをつなぎとめる関係性（または絆）があること」があげられます。たとえば，学校に居場所があること，教師が気にかけてくれていること，部活等の打ち込めるものが学校にあることなどです。こういったつながりをいかに作りどのくらい強く切れないものにするかが発達支持的教育相談のポイントになります。児童生徒が非行に走るのをとどまらせるその他の要因として，自己肯定感や自己有用感，規範意識などがあります。これらを育てることも重要です。

### 2. 課題未然防止教育と課題早期発見対応

非行の予防は学校だけでできるものではありません。関係機関や地域住民とネットワークを構築し，地域ぐるみで予防の取組を行わなければなりません。

課題未然防止教育は関係機関と連携して行うことができます。警察や少年サポートセンターと協働して非行防止教室や薬物乱用防止教室を行うことはそのよい例です。

課題早期発見対応では非行のサイン（兆候）を早期に発見して対応します。児童生徒が発する問題行動の兆候を表6-2に示しました。これらの兆候の把握は組織で行っていきます。たとえば，教職員同士の情報共有を徹底することや，学校警察連絡協議会，スクールサポーター（警察官OB等が任命される），地域住民等と連携して情報収集を行うことです。兆候を把握したら，SCやSSWを加えたチームでアセスメントを行い，対応を検討します。緊急事態では校長等

第6章 非行と虐待

表 6-2　児童生徒の発する問題行動のサインの例（文部科学省，2010 より抜粋）

| 服装や行い | ・髪型，服装などに気を配り，他の児童生徒との違いが目立つようになる<br>・学校のきまりを守らなくても平気になる |
|---|---|
| 言葉遣い | ・保護者や教員の指導に対して，言い逃れ，うそ，反抗，無視がある<br>・投げやりで乱暴になる。児童生徒が通常使わない言葉を言う |
| 友人関係・<br>人間関係 | ・急に人間関係が変わり，孤立する<br>・遊び仲間との時間が多くなり，頻繁に連絡する<br>・性に関する関心が強くなり，異性に対してことさら目立つ言動をする |
| 学級や授業での<br>態度 | ・無断欠席，遅刻，早退が多くなる<br>・夜遊びや深夜のテレビ・ゲームなどで授業中に居眠りが多くなる<br>・勝手に違う席に座っている　・教員の指示に従わず，私語をくり返す |
| 持ち物 | ・タバコを持っている　・教科書を持たずにいても平気でいる<br>・漫画や化粧品を学校に持ってくる。菓子などを教室などで食べる<br>・高額なお金を持っている。金遣いが荒くなる |
| 家庭 | ・食欲がないと言って朝食をとらずに学校に来る<br>・夜間外出が多くなる。帰宅時間が遅くなる　・顔や体に傷やあざがある |

の責任者がチームに加わり，外部の専門機関と連携して対応します。

## 3. 困難課題対応的教育相談

　非行が発生した時の対応では，外部機関と連携することが不可欠です。外部機関としては，捜査の分野では警察と検察庁，補導の分野では警察・少年サポートセンター・少年補導センター，福祉の分野では市町村と児童相談所，司法の分野では家庭裁判所があります。なお，第1節で説明した通り非行少年と不良行為少年では扱いが異なること，また，いじめや暴力など一般に非行とみられない行為であっても非行（犯罪・触法行為）に該当する場合があることを理解しておく必要があります。

　学校で児童生徒を指導する時には，非行の背景をふまえて指導を行うとともに，以下の点に注意する必要があります。つまり，①正確な事実を特定すること，②本人や関係者の言い分をきちんと聞きとり，その言い分を時系列に沿って正確に記録すること，③被害者がいる場合にはそのことを常に念頭においた対応を行うことです（文部科学省，2010）。

## 第4節 虐待の種類および児童生徒への影響

児童虐待の相談数は増加傾向にあり、全国232か所の児童相談所が児童虐待相談として対応した件数は2020年に20万件を超え、2022年には219,170件になります（こども家庭庁，2022）。児童相談所に寄せられる虐待相談の相談経路として、学校からの相談が6％〜7％で推移しています。虐待を受けている児童生徒が教職員に対してSOSを発することもあり、そうしたメッセージをしっかりと受け取り適切に対処するためには、虐待について理解を深めることが必要です。

### 1. 虐待とは

**虐待**（child abuse）は、保護者（児童の親の交際相手など、定期的に児童のいる家庭に滞在する者も含まれる）が児童に対して行う行為であり、**身体的虐待**、**性的虐待**、**ネグレクト**、**心理的虐待**といった行為が含まれます（表6-3参照）。複数の行為が同時に行われることもあり、発見が遅れた場合は子どもに生命の危険が及ぶこともあります。

虐待に類似する言葉として、体罰や**マルトリートメント**（maltreatment）という言葉が使われることがあります。体罰は、2020年に施行された児童虐待防止法の改定により、体罰禁止が法定化されました。他人の物を取ったのでお尻を叩いた、宿題をしなかったので夕ご飯を与えなかった等の、しつけのための

表6-3 虐待の種類・内容

| 虐待の種類 | 虐待の内容 |
|---|---|
| 身体的虐待 | 殴る、蹴る、叩く、投げる、揺さぶる、やけどを負わせる、溺れさせる、窒息させる、ロープなどで拘束して自由を奪う。 |
| 性的虐待 | 子どもへの性的行為、性的行為を見せる、ポルノグラフィの被写体にするなどの行為。 |
| ネグレクト | 家に閉じ込める、食事を与えない、汚れた服を洗濯しない、自動車の中に放置する、病院に連れて行かない、学校に行かせない。 |
| 心理的虐待 | 言葉による脅し、子どもの意見や感情を無視する、子どもの自己表現や個性を否定する、きょうだい間で差別的な扱いをする、子どもの目の前で家族に暴力をふるう、偽の約束をする。 |

体罰であっても法律で禁止されています (厚生労働省，2020)。マルトリートメントとは，虐待とまではいえないが，子どもの身体の発達を阻害する不適切な養育を指します。たとえば，子どもの前で夫婦喧嘩をしたり，親の気分次第で子どもを叱ったりといった行為があげられます。

## 2. 児童生徒への虐待の影響

虐待が子どもに与える影響は多岐にわたり，深刻です。場合によっては生命の危険が生じる可能性もあります。虐待による影響は大きく分けて，身体的影響，心理・社会的影響にまとめられます。

### （1）身体的影響

虐待による身体的傷害によって、子どもの身体的な健康は直接的な影響を受けます。身体的な障害は，頭部の損傷，皮膚の損傷，熱傷，耳鼻咽頭・口腔の損傷，内臓の損傷，骨折に大きく分けることができます (表6-4参照)。

ネグレクトにより食事を与えられないことで，子どもの身体的な成長が阻害されます。栄養不良により身長や体重の増加が遅れたり、身体的な発育に問題が生じたりすることがあります。虐待された子どもは、適切な医療ケアを受け

表 6-4　児童虐待による身体的損傷の種類・内容
(日本小児科学会こどもの生活環境改善委員会，2022 を参考に作成)

| 損傷の種類 | 損傷の内容 |
|---|---|
| 頭部の損傷 | 硬膜下血腫，くも膜下出血，硬膜外血腫，脳内出血（脳挫傷），びまん性軸索損傷（軸索の広範囲の断裂） |
| 皮膚の損傷 | 擦過創（摩擦により生じた傷），裂創（皮膚が裂けた傷），挫創（鈍器による圧挫による傷），剥脱創（皮膚が皮下組織から剥がれる傷），皮膚変色（皮下出血などで皮膚の色調が変わっている傷） |
| 熱傷 | タバコによる接触熱傷（境界が明瞭なパターン痕が特徴），<br>高温液体による熱傷（境界が明瞭で，熱傷の深達度が一定であることが特徴） |
| 耳鼻咽頭・口腔の損傷 | 耳介（耳たぶ）の軟骨炎症・裂傷，鼓膜の損傷，鼻出血，食道裂傷，口唇の熱傷，口腔内損傷，重度の虫歯の放置 |
| 内臓の損傷 | 管腔臓器損傷（胃，十二指腸，小腸，大腸，直腸・肛門），実質臓器損傷（肝臓，脾臓，膵臓，腎臓，尿路・陰嚢），リンパ管・大血管損傷 |
| 骨折 | 典型的骨幹端病変，肋骨骨折（特に背後部骨折），肩甲骨骨折，棘突起骨折，胸骨骨折，指趾骨折，複雑型頭蓋骨骨折 |

る機会が制限されることがあり，感染症（インフルエンザ等）にかかるリスクや慢性疾患（心血管疾患，糖尿病，精神疾患）にかかるリスクが増加し，健康上の深刻な問題を抱える可能性が高まります。また，虫歯の治療を適切に受けておらず，口内衛生が非常に悪い状態で放置されている子どももいます。

### (2) 心理的・社会的影響

虐待は，子どもの心理的健康に大きな悪影響を与え，社会的関係の形成にも深刻な問題を生じさせます。虐待は子どもにトラウマを引き起こし，その後に**心的外傷後ストレス症候群**（PTSD）を発症する可能性があります。虐待を受けた子どもは暴力を受けることへの不安や恐怖に苦しみ，周囲の人々に対する不安が高まることで，人と関わること自体を避け，孤立感や社会的引きこもりのリスクが高まります。

虐待を受けた子どもは，**自尊心**が低下し，自己否定的な考え方に陥ります。自分を大事にすること，自分に自信をもつことが難しくなり，自傷行為を行うようになることがあります。無気力感や悲しみ，絶望感などが強まると**抑うつ**の症状が現れ，日常生活に支障をきたすことがあります。虐待を受けた子どもは，攻撃的・反抗的行動を示す傾向があり，非行による問題が発生したり，学校に適切に通えなくなることによって学習が遅れる子どももいます。

 ## 第5節 実践に向かって——虐待の早期発見と通告

学校の教職員は，虐待を早期に発見し，対応するよう努めるとともに，市町村の虐待対応担当課や児童相談所等へ通告し，速やかに情報提供を行う義務があります。そのためには，児童生徒が学校生活のなかで示す虐待の兆候や，SOSのサインに気づくなど早期発見に努めなければなりません（児童虐待防止法第5条）。

文部科学省（2020）は**虐待リスクチェックリスト**を作成しています。子どもの様子（健康状態，精神的不安定さ，攻撃性の強さ，身なりや衛生状態，食事の状況，登校状況等），保護者の様子（子どもへのかかわり・対応，きょうだいとの差別，心身の状態等），家族・家庭の状況（家族間の暴力・不和，住居の状態等）から，その児童に支援が必要か判断します。

虐待に対応していく場合，校内のチーム体制を整えながら適切な支援を行います（文部科学省, 2022）。学級・ホームルーム担任は，普段から子どもや保護者の観察を行いながら，虐待の疑いがあればすぐに管理職へ報告相談を行います。その際，養護教諭，SC，SSW，学年主任との情報を共有し，通告するべきかを決定します。通告に関することは記録に残しますが，その際は**個人情報保護**に基づき取り扱います。こうした記録について保護者が開示を求めても，開示することで子どもに危害が加わる恐れがある場合は不開示とする場合もあります。関係機関との連携も必要であり，**要保護児童対応地域協議会**を中心とした多機関連携によるチーム支援が基本となります。　　（**黒田　祐二・葉山　大地**）

---

### 演 習 問 題

　虐待を受けた子どもに対して学校の教職員はどのように接していく必要があるでしょうか？

---

**【引用文献】**

法務省（2023a）．令和 5 年版再犯防止推進白書　https://www.moj.go.jp/content/001414008.pdf

法務省（2023b）．令和 5 年版犯罪白書　https://www.moj.go.jp/content/001410095.pdf

警察庁（2023）．令和 4 年中における少年の補導及び保護の概況
　　https://npa.go.jp/bureau/safetylife/syonen/pdf-r4-syonengaikyo.pdf

こども家庭庁（2022）．令和 4 年度　児童相談所における児童虐待相談対応件数（速報値）

厚生労働省（2020）．体罰等によらない子育てのために～みんなで育児を支える社会に～

Moffitt, T. E. (1993). Adolescence-limited and life-course-persistent antisocial behavior: A developmental taxonomy. *Psychological Review*, **100**(4), 674-701.

文部科学省（2010）．生徒指導提要
　　https://www.mext.go.jp/a_menu/shotou/seitoshidou/1404008.htm

文部科学省（2020）．学校・教育委員会等向け　虐待対応の手引き

文部科学省（2022）．生徒指導提要
　　https://www.mext.go.jp/content/20230220-mxt_jidou01-000024699-201-1.pdf

日本小児科学会こどもの生活環境改善委員会（2022）．子ども虐待診療の手引き―第 3 版―

第Ⅲ部　教育相談の方法と実際

# 心理教育的アセスメント
## 子どもを理解する3つの方法

> 　児童生徒に対するさまざまな援助活動は,「困っている子どもを助けさえすればいい」という乱暴なものではありません。ものには必ず「結果」が伴います。今,こうしているあいだにも全国津々浦々でさまざまな教育相談(=援助活動)が行われています。みなさんがこれまで教師・親・スクールカウンセラー・友だちなどから受けてきた援助をふり返ると,「非常に助かった」ものから「余計なお世話だった」ものがあるはずです。「助かった」,すなわち「成功した援助」とは,援助の結果,子どもが抱えている問題が解決したり,改善したり,軽減したりする援助です(「子どもの適応水準が上がる」でも可)。逆に,「余計なお世話」,つまり「失敗した援助」とは,解決もせず,改善もせず,軽減もしないどころか,ひどい場合には問題が悪化する援助のことです。実際にはそう簡単に「成功／失敗」に分けられませんが,援助の成否の分かれ目となるものの1つに,「アセスメント」があります。第7章では,「援助を成功させるための心理教育的アセスメント」について説明します。

## 第1節　学校現場におけるアセスメント

　従来の臨床心理学においては,**アセスメント**とは,対象者の心理特性や心理状態を心理テストや質問紙などの道具を使って測定し,評価する「心理査定」を指します。心理検査道具を使って行う心理査定は,実施方法や集計方法を学んだり,実際に何度も練習を重ねたりする必要があり,訓練を受けた一部の専門家による行為です。それに対して学校心理学におけるアセスメントは,「情報を収集し分析して(中略)意思決定のための資料を提供するプロセス」(石隈,1999)とあり,担い手も「教師やスクールカウンセラー」と先の「一部の専門家」に比べて広く考えられています。みなさんのなかには,将来専門的な訓練を受けてアセスメントの専門家になる人もいると思いますが,教員を目指す人の方が多いと思われます。そこで本章では,「道具を使ってアセスメントする」

表 7-1　学校内で収集可能な子どもに関する情報例

| | | 情報の種類 | |
|---|---|---|---|
| | | 主観的情報<br>（収集者の知覚に依存） | 客観的情報<br>（情報を文字・数値で保存可能） |
| 収集場面 | 日常・通常業務 | 顔色（表情・肌）<br>声（声量・張り）<br>臭い<br>姿勢 | 出欠・遅刻・早退（出席簿）<br>学業成績<br>保健室利用回数<br>体重・視力・運動能力 etc.（健康診断・体力テスト）<br>食事量・回数※<br>睡眠時間※<br>発言（内容・頻度）<br>外見（服装・髪型 etc.）<br>持ち物 |
| | 非日常 | | アンケート・質問紙調査への回答（タブレット入力も含む） |

※子ども本人の自己申告による

　従来のアセスメントを「狭義のアセスメント」，教員などが学校現場でさまざまな情報を収集し，援助活動に役立てることを「広義のアセスメント」とし，それぞれについて説明します。

　広義のアセスメントを考えた場合，そもそも学校には子どもに関する情報がどれぐらいあるのでしょうか。表 7-1 に「学校内で収集可能な子どもに関する情報例」をあげました。このなかには，教職員の通常業務で記録（書類）として残る情報もあれば，気をつけないと消えてしまう情報も含まれています。いずれにしても学校には子どもに関する膨大な情報があることがわかります。この膨大な情報のなかから，「援助の成功に役立つような情報を収集する（探し出す）こと」が，広義のアセスメントの出発点です。

　この情報の海のなかから，戦略もなしに（＝白紙の状態で）援助に有効な情報を探し出すのは困難です。そこで，表 7-2 のような「枠組み」に沿って収集しましょう。情報収集というと，何から手をつけていいかわからなくなってしまうかもしれませんが，表 7-2 の「セルを埋める作業」と考え直すと，その時点でいくつかの情報がセルに入るはずです。あとは「枠組み」全体のセルを埋めていくのか，とくに問題となっている領域を重点的に埋めていくのか，必要に

98　第Ⅲ部　教育相談の方法と実際

表 7-2　情報収集の枠組み（収集すべき情報とまとめ方）　(下山, 2010 を改変)

| 領　域 | 学習 | 進路 | 対人 | 心理 | 健康 | 家庭 | その他 |
|---|---|---|---|---|---|---|---|
| ネガティブ<br>（困難を抱えている） | | | | | | | |
| ポジティブ<br>（うまくいっている） | | | | | | | |

応じて埋めていけばよいのです。また，ポジティブ欄に（例外的に）うまくいっている情報を積極的に集めることで，「なぜうまくいっているのか」がわかり，「どうすればうまくいくのか」という援助を成功に導くヒントが見つかりやすくなります。実際にセルを埋めるためには情報を集めてこなければいけないのですが，情報の集め方についてはいくつかの方法がありますので，具体的な情報収集の方法について考えてみましょう。

　狭義・広義のアセスメントともに，対象者の情報を収集するという点は同じですが，収集の方法が違います。狭義のアセスメントは，心理検査や質問紙といった道具によって対象者のある側面を「はかる」（さまざまな漢字があるので平仮名にします）ことによって情報を収集します。一方，広義のアセスメントは，「五感を活用する」(伊藤, 2007) ことで収集します。五感とは，視覚・聴覚・嗅覚・味覚・触覚のことですが，学校現場でよく使われるという観点で本章では視覚（みる）と聴覚（きく）の2つを取り上げます（養護教諭の場合，触覚も使われます）。以下は「（目で）みる」，「（耳で）きく」（以上が広義のアセスメント），「（道具を使って）はかる」（狭義のアセスメント）の3つの方法によるアセスメントについて解説していきます。

## 第2節　「みる」アセスメント

　「みる」，つまり「観察する」ことによって他人の情報を集めたり，アセスメントしたりすることは，教育相談に限った話ではありません。たとえば，「こ

の人は青系の服ばかり着ているから，青が好きなのかな？」等，他人の趣向について判断したり，「あの人，今日は気分が良さそうだ」や「何かイライラしているな」等，他人の心理状態を顔色や全体を「みる」ことで推し量ったりすることは，日常茶飯事です。一方，専門家の代表といえる医師も，風邪気味で訪れた患者さんの喉の腫れを「診たり」，さらには X 線やCT スキャン等の画像を「見たり」することを一助として，アセスメント（医師の場合，「診断」）を行っています。このように，「みる」ことは，専門家，非専門家にかかわらず，もっともよく使われるアセスメント方法といえます。

　しかし，あまりにもありふれた方法であるために，教育現場においては「みる」ことの重要性を忘れたり，アセスメントをアンケートや検査道具を使った「狭義のもの」としか認識していなかったりすることが多いのが現状です。「みる」ことを軽視すると，いじめ等の問題が発覚した場合に，「いじめに気づきませんでした」と学校や担任は弁明せざるをえませんが，これはいうなれば「赤信号（に値する深刻な問題）の見落とし」のようなもので，非常に問題です。

　「みる」アセスメントは教員だけが行うのではなく，親も毎日子どもを見ています。「援助を成功させるための『みる』アセスメント」をするにはいくつかのポイントがありますので，順を追って説明します。

### 1. 誰を「みる」か？──「三段階の心理教育的援助サービス」モデルの活用

　もちろん援助対象者全員を「みる」必要がありますが，仮に 40 人学級として，クラス全員を毎日満遍なく「みる」ことは不可能です。そこで**三段階の心理教育的援助サービス**（第 9 章参照）のそれぞれの対象者間で優先順位をつけざるをえません。三段階の援助サービスモデルからわかるように，「一次的援助サービスの対象者」より「二次的援助サービスの対象者」，「二次的援助サービスの対象者」より「三次的援助サービスの対象者」をよりよく（＝高頻度に）「みる」ことが妥当です。「三次的援助サービスの対象者」をよく「みる」ことには，本章の冒頭で述べた，「援助がうまく行っているかどうかのアセスメント」も含まれます。

## 2. 何を「みる」か？

　対象児童生徒を漫然と「みる」だけでは，「援助を成功させるための『みる』アセスメント」にはなりません。「みる」ポイントは表7-1の観点以外にもたくさんありますが，最初から多くのポイントを同時にみようとしても，見落としてしまいます。したがって，いくつかのポイントに絞って，対象児童・生徒を「みる」（観察する）ことが重要です。観察ポイントを絞ることで，おのずと観察時間帯（いつ「みる」べきか）が限定されます。授業中，休み時間，給食中，掃除中など，どの様子を「みる」のか，あらかじめ時間帯を限定しておくことで観察しやすくなります。

　観察ポイントを絞って「みる」としても，そこでもやはり漫然と「みる」のではなく，「ベースライン」，つまり「（通常の）基準」を設定できるように観察してください。表7-1でいえば，顔色であったり，声の大きさや張りであったり，給食を食べる量であったり，「大体いつもこの子はこれぐらい」という「ベースライン」を設定できれば，何か異変が起きた時にその異変を検出（察知）できます。ほとんどの人の平熱は36℃台という「ベースライン（＝基準）」を知っているからこそ，体温計で37℃以上だった場合に体の異変に気づき，「休もう」や「医者に行こう」などの「特別な対応」が可能となるのです。

## 3. 「みる」アセスメントの注意点

　「みる」ことはとくに意識せずに行っていますが，気をつけなければいけない点は，「ありのままを見ているわけではない」ということです。人はあくまで自分自身のフィルター（＝色眼鏡）を通してものを見ています。ですので，観察して情報収集する場合は，このフィルターの正体を知っておく必要があります。フィルターの正体はさまざまなものが考えられますが，とくに注意しなければいけないのが観察者の「価値観」，要は「好き・嫌い」です。自分の価値観に合う人物やその行為は，必要以上に肯定的にみえます。逆に自分の価値観に反する人物や行為は，必要以上に否定的にみえます。したがって，他者を「みる」前に，自己のフィルター，つまり価値観がどういうものであるのかをよく「みる」ことが重要です。客観的（＝中立的）に観察しているようで，実

はフィルターで濾過している（価値観によって取捨選択している）ことを忘れないでください。

## 第3節 「きく」アセスメント

　「きく」ことによって，「みる」よりも詳細な情報収集が可能となります。元気がなさそうにみえた子に対して，「最近調子はどう？」と「きく」ことで，実際の体調や精神状態をアセスメントしようとすることも，教育現場では特別なことではありません。しかし，「みる」に比べると，「きく」は詳細な情報が集めやすい反面，物理的・精神的負担（侵襲性）が大きい方法です。「みる」は，観察対象者に悟られずに情報収集できる場合もありますが，聞かれた側は，明らかに「質問されている」との負担を感じます。また，立ち話から，別室でじっくり話を聞くまでさまざまな状況が考えられますが，いずれの場合でも時間や場所を割くという物理的負担を伴います。

### 1. 誰に「きく」か？

　アセスメント対象者に直接「きく」場合もあれば，関係者（友人・教科担任・部活動顧問・養護教諭・保護者等）に間接的に「きく」場合もあります。表7-2のセルを埋めるには，上記関係者に聞いて回る必要があります。するとその時点で，情報交換・共有という「連携」の第一歩を踏み出せます。「きく」方法の難しい点は，質問者（情報収集者）と，回答者（情報提供者）との人間関係（の良否）が常に影響することです。先の「最近調子はどう？」というありふれた質問に対しても，「実は……」と真面目に答えてくれる子もいれば，「別に……」や，なかには「うるせぇんだよ！」と答える子もいます。関係者に「きく」場合でも，質問者が信頼されていなければ情報提供してくれませんし，「この前あなたのことを聞かれた」と当の本人に「密告」しがちな人に「きく」のは，慎重にならざるをえません（「密告」によって当の本人が「気にかけてくれている」と感じ，援助になる場合もあります）。このように，「きく」ことによるアセスメントも日常茶飯事ですが，質問者（自分）と回答者（相手）との人間関係をアセスメ

ントしておかないと得られた情報の精度が不確かとなり，せっかく集めた情報を活かしきれない可能性があります。

## 2. 何を「きく」か？

「誰にきくか」と同様，「何をきくか」についても質問者と回答者の人間関係が影響してきます。乱暴に何でもかんでも「ききさえすればいい」というものではありません。ただでさえ「みる」に比べ「きく」は相手に負担を強いる方法なので，やはり現在の二者間の人間関係のアセスメント結果に従って，「どこまで（深く）きけるか」や「どのタイミングできけるか」等を見積もる作業が必要です。相手に不快な思いをさせてしまっては，本来，援助目的であるアセスメントが逆効果となってしまいます。

具体的に「何をきくか」については，表7-2の「枠組み」を参考にすればよいのですが，くれぐれも「あれもこれも」一度に「きく」ことのないように気をつけてください（相手の負担になります）。「ポジティブ情報」と「ネガティブ情報」のバランスや，きく順番にも気をつけてください。

## 3. 「きく」アセスメントの注意点

くり返しになりますが，「きく」ことで得られた情報には，質問者と回答者の人間関係の影響が含まれています。誤情報によって質問者を陥れようとする意図があったり，単なる回答者の勘違いであったり，いずれにしても事実と異なる情報（意図的な場合は「嘘」）が含まれている可能性も考慮しなければいけません。また，質問による長時間の拘束や，「尋問」のような威圧的な環境，回答者の心の準備ができていない侵襲的な質問など，回答者に負担をかけるようなことは避けなければいけません。そして最後に，立ち話程度の短い時間であっても，また，得られた情報に誤りが含まれていても，回答者が時間や労力を割いてくれたことに対して，「情報提供してくれてありがとう」という感謝のことばを忘れないようにしてください。

第7章　心理教育的アセスメント　103

## 第4節 「はかる」アセスメント

　本章における「狭義の」アセスメントである，個別式の心理検査の実施方法や集計方法，注意点は，それぞれの心理検査に「マニュアル」があるので，それらを参照してください。教育現場に進む場合，知能検査の結果を目にすることがあるかもしれませんし，質問紙調査（アンケート）は実施する側になると考えられます。そこで本節では，主に知能検査の見方やアンケートの実施，および結果の見方についての注意点をまとめました。

### 1. 個別式知能検査の結果の見方の注意点

　WISCやK・ABC等の個別式知能検査の結果を目にする時，検査実施者を個人的に知っている場合は，検査結果だけでなくその他の情報（検査時の様子等）も入手しやすいので問題はないのですが，医療機関や相談室等の外部機関から検査結果だけが送られてきた場合には，注意が必要です。結果としての「知能指数」という数値には，実にさまざまなものが影響しています。その日の子どもの体調・疲労度，部屋の温度やまわりの騒音，検査者の手際のよさ等が，子どもの集中力やモチベーション（やる気）に影響します。このように，いろいろな要因が混在して出てきた検査結果は，「相対的な位置」（結果的にどれぐらいできるのか）としてはそれ自体意味がありますが，「この子の知能は○○だ」と断定的にとらえるのではなく（たまたま気分が乗らなかったのかもしれない），「この子の知能は○○を中心とした大体△△～□□ぐらい」と幅をもたせて理解するようにしてください（実際に検査者は幅をもたせて算出しています）。

### 2. アンケート実施および結果の見方の注意点

　「いじめ防止対策推進法」には，いじめの早期発見のための措置として，学校は「定期的な調査その他の必要な措置を講ずるものとする」とあります。命婦・岩田・向笠・津田（2012）は，アンケートによる学校ストレッサーやストレス反応のデータよりも，出席簿にある遅刻のデータの方が後の長期欠席を予測できることを実証しました。このことからも，表7-1にある観点や，日常の

「みる・きく」をないがしろにして調査，つまり「はかる」を過信することは禁物です。情報収集の機会としては「みる・きく」の方が圧倒的に多いことは明らかなので，「はかる」はそれらを補うものと位置づけることが妥当です。また，みなさんもこれまで学校でさまざまなアンケートに答えたことがあると思いますが，はたして正直に記入したでしょうか。実は「きく」同様，「はかる」で得られた回答にも，アンケート実施者と回答者との人間関係が影響します。「どうせ事務的にやっている」や，「正直に書いても対応してくれない」と仮に子どもが思っていたとしたら，調査自体が無意味です。それどころか，子どもが正直に回答しないことを逆手にとって，「いじめ防止対策推進法に則り調査をしたが，『いじめ』の回答はなかった。したがって学校がいじめを発見できなかった過失はない」との「言い逃れ」に使われかねません。調査実施は手間がかかるゆえに，何かがわかった「つもり」に陥りやすいのです（「認知的不協和理論」を参照）。だからこそ調査結果の過信は禁物です。日常的に子どもをよく「みる」，子どもの話をよく「きく」ことを忘れないでください。

　ギガスクール構想の結果，アンケート類への回答がタブレット入力へ移行しています。これにより集計・分析等にかかる教職員の労力が大幅に軽減されました。今後は，データの見方や，学校単位・自治体単位で収集された「ビッグデータ」の解析方法等が課題になると思われます。

 **第5節　実践に向かって──みる・きく・はかるの総合的利用**

　本章ではこれまで，（目を使って）「みる」，（耳を使って）「きく」，（測定道具を使って）「はかる」ことによって，情報収集したりアセスメントしたりする方法とそれぞれの注意点を説明してきましたが，各方法には長所・短所があります。実際に情報収集やアセスメントの過程で困るのは，「複数の方法で得られた情報が一致しない場合がある」ことです。このような場合にどうすればいいのかを，説明を単純化するために，「他人の身長をアセスメントする」場合で考えてみましょう。

　ある男性（Aさん，とします）の身長を，「みる・きく・はかる」の3通りでア

セスメントするとします。具体的な方法は以下のようになることは容易に思いつきます。

「みる」アセスメント：Aさんの近くに寄って，「大体〇〇〇cmぐらい」と見積もる。

「きく」アセスメント：Aさんに，「身長何cmですか？」と質問する。

「はかる」アセスメント：Aさんに，身長計に乗ってもらう。

それぞれの方法を実際にやってみて，その結果は表7-3のようになったとします（身長計はそう頻繁に乗る機会はないので，「みる」と「きく」の2通りだけにします）。表7-3のように，「みた」結果と「きいた」結果が異なる場合，どうすればいいでしょうか。このような場合，「見た目170cm」と「『180cmです』という回答」を組み合わせると，Aさんに関して以下のような「仮説」が生成できます。

「冗談（ボケ）なのか？」

「質問した自分をからかっているのか？」

「Aさんは見栄っ張りなのか？」

「Aさんは身長に劣等感をもっているのか？」etc.

このような仮説が生成できたら，あとはそれぞれの仮説を検証する，つまり，合っているのか，間違っているのかに関する情報収集を同様に「みる・きく・はかる」で行えばいいのです。たとえば，「Aさんが日頃どれぐらい冗談を言う人なのか」，「Aさんが自分にウソをついたり，否定的な態度をとったりしたことがどれぐらいあったか」，「Aさんの話は大げさなことが多いか。また，Aさんの持ち物に不釣り合いなほど高価なものはないか」，「Aさんはどんな靴を履いているか。そもそも『身長何cm？』と聞いたときのAさんの表情はどうだったのか」等について，みたり，きいたり，はかったりして情報を集めていきます。それぞれの仮説を支持する・支持しない情報がある程度集まれ

表7-3　Aさんの身長のアセスメント結果

| みる<br>（見た目） | きく<br>（「身長何cm？」に対する回答） | はかる<br>（身長計に乗る） |
|---|---|---|
| 170cmぐらい | 「180cm」 | ？ |

ば，おのずと「見た目 170cm の A さんが『180cm です』と答えたのは，おそらく〇〇だからだろう」という「推測」にたどり着くことができます。あくまで推測の域を出ませんが，仮説検証のための情報収集の質・量によっては相当妥当性の高い（ほぼ間違いない）推測となります。上記の仮説を本気で検証しようと思ったら，「何で『180cm』と言ったの？」と A さんに直接きいたり，また，A さんの身長を正確に知りたかったら，身長計に乗ってもらうよう依頼したりする方法が考えられますが，二者の関係性にもよりますがこれらはいずれも侵襲性の高い方法です（身長も立派な個人情報です）ので，どんな手段をとってでも仮説を検証すればいいわけではありません。「きく」アセスメントの際と同様，仮説検証においても相手に負担をかけない（侵襲的にならない）注意が必要です。このように，本来は A さんの身長をアセスメントしようとする過程で得られた複数の情報を有機的に組み合わせることで，A さんのその他の特性（冗談好き？／自分を見下している？／見栄っ張り？／劣等感？）も推測でき，この情報も，A さんの全体的な理解に役立つ情報の 1 つにつけ加えられます。

　以上のように，「みる・きく・はかる」にはそれぞれ長所・短所があるため，児童生徒のアセスメントを正確に行おうとする場合には，各方法の長所・短所を十分に理解し，1 つの方法で得られた情報を鵜呑みにするのではなく，複数の情報から総合的に判断（アセスメント）することが重要です。「見た目 170cm」の人が「『180cm』です」と言った時に，われわれが「オヤ？」と思うことがありますが，それは無意識的に「みる」情報と「きく」情報を組み合わせた結果，両者のズレに気づいたからこその「オヤ？」なのです。

　本章をまとめると，児童・生徒のことを正確に理解するためのポイントとしては，以下のような点があげられます。

・児童生徒の情報を数多く収集すること
・1 つの方法だけでなく，複数の方法で情報を集めること
・得られた情報を有機的に組み合わせることで，あらたな情報（仮説）を生成すること
・仮説→検証をくり返すことで，児童・生徒の情報を増殖させること
・アセスメントの際には，対象者への配慮や感謝の気持ちをもつこと

援助対象者を正確にアセスメントするには非常に労力を要しますが，以上の
ポイントを守り，対象者を正確に理解することが，後の，もしくは現在進行形
の援助を成功させる鍵なのです。

（下山　晃司）

---

### 演 習 問 題

　私はよく学生（学部生や大学院生）のみなさんに，「カウンセラーがクライエン
ト（カウンセリングに訪れる人）に質問したり，心理テストでアセスメントしたりす
るのは，何のため？」という質問をします。すると，十中八九，「クライエント
のことを知るため」という解答が返ってきますが，これはマラソン（42.195km）
にたとえれば，「折り返し地点（20km付近）」の解答，つまり通過点にすぎません。
なぜならば，そのような解答では，問いの本質である「なぜクライエントのこと
を知る必要があるのか？」ということにまで考えが及んでいないからです。
　そこで，「なぜアセスメントするのか？」について，残りの２地点（30kmと
42.195km）の解答を考えてみてください（距離は，苦労の道のりの長さです）。

---

### 【引用文献】

石隈利紀（1999）．学校心理学——教師・スクールカウンセラー・保護者のチームによる心理教育
　　的援助サービス　誠信書房

伊藤宗親（2007）．アセスメントの基礎基本　国立大学教育実践研究関連センター協議会・教育臨
　　床部会（編）　新しい実践を創造する学校カウンセリング入門　東洋館出版社　pp.36-45.

命婦恭子・岩田昇・向笠章子・津田彰（2012）．長期欠席の前兆としての遅刻についての縦断研究
　　——中学校３年間の調査　心理学研究，**83**(4)，314-320.

下山晃司（2010）．心理臨床センターにおける面接技法　楡木満生（編）　クライエントの問題を解
　　決する面接技法　現代のエスプリ　ぎょうせい，No.515，152-162.

# カウンセリング I
基本的な理論と方法

本章では，現在の多くのカウンセリング・心理療法の源流となっている3つの代表的な理論（第2節）と，そこから発展して，近年の教育現場でもよく用いられている考え方や技法（第3節）について紹介します。子どもの教育上の問題について適切に理解し，解決を効果的に支援していくためには，相談活動の専門領域であるカウンセリング・心理療法の基礎的知識を身につけておくことが必ず役立つはずです。

## 第1節 カウンセリングとは何か

**カウンセリング**とは，個人が適応上の問題や悩みを抱えていて，その解決に助力を必要とする場合に，専門家としての訓練を受け，また援助者としての資質・知識・技能を備えたカウンセラーとの面接を通して，問題の解決や悩みの軽減をはかるプロセスのことを指します。

図8-1のように，カウンセリングに学習相談や進路相談なども含むことができますが，本章では，基本的には健康な人が適応上の問題を抱えている場合に，その個人の成長を援助する方法としてのカウンセリングを指すことにします。また，**心理療法**はより重篤な問題や症状の問題解決を援助する方法を指すことも多いのですが，本章ではカウンセリングと区別せずに用いていきます。

図8-1に示されているように，適応上の問題解決を援助する方法は非常に多く，多様なアプローチの仕方があります。その理由の1つは，問題行動や適応上の困難などのさまざまな要因が絡みあって生じている状態であるためと考えられます。そのため，カウンセリングの理論的立場の違いによって，問題行動や適応上の困難がどのように生じ，維持されているのかについてのとらえ方が異なります。とらえ方の違いは，目標とする解決像や，解決の方法にも反映されます。したがって，どの理論や技法がもっとも優れているとか，効果的かと

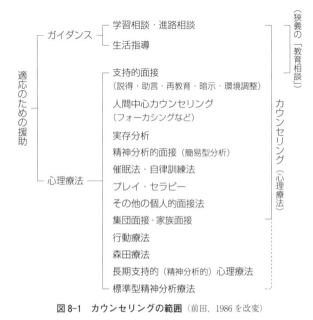

**図 8-1　カウンセリングの範囲**（前田，1986を改変）

いうことではなく，その子どもの状況や問題に応じて選択したり，折衷的に用いることになります。

本章では，カウンセリングの代表的な3つの理論的立場（精神分析療法，行動療法，クライエント中心療法）について，それぞれの立場が目標とする状態，不適応状態のとらえ方，そして問題解決のために用いられる代表的な技法の観点からみていきたいと思います。それぞれの立場の違いに注目し，その違いが子どもの問題行動の理解にどのように影響するかを考えてみてください。

## 第2節　教育相談の基礎となるカウンセリングの理論と方法

### 1．精神分析療法
#### （1）精神分析療法の目標

**精神分析療法**は，今日の心理療法や臨床心理学に多大な影響を与えているフロイト（Freud, S.）が創始した心理療法です。彼は患者の観察から**無意識**の概念を提唱し，人の行動が意識的な力に加え，無意識的な力にも影響を受けていると考えました。たとえば，「うっかり」寝坊して1時限目の授業に遅刻したとしましょう。このような自分で意識や意図していない行動も，無意識的には，

1時限目の苦手な体育の授業にあまり出席したくないというような理由があったのかもしれません。問題行動や症状についても同様に考え，その原因となっている無意識的な理由を知り，受け入れられるようにしていくことが，精神分析療法における目標となります。

### (2) 精神分析療法による不適応状態のとらえ方

　精神分析療法では，無意識的な領域に，自分の体験として意識するのが苦痛な体験や自分の願望として認めるのが苦痛な本能的欲求などが押し込められていると考えられています。そうした苦痛から自己を守るための心のはたらきを**防衛機制**といいます（表8-1）。防衛機制は，うまく用いれば適応の助けとして役立ちますし，健康な人も用いる防衛機制も多くあります。一方で，うまく用いることができない場合や，防衛機制の種類によっては不適応的で病的な状態

表 8-1　**主な防衛機制**（前田，1985 を改変）

| 種類 | 内容 | 意識のレベル | 病的 | 健康 |
|---|---|---|---|---|
| 抑圧 | 苦痛な感情や欲動，記憶を意識から締め出す。 | 抑制（禁圧）臭いものにふた | ○ | △ |
| 逃避 | 空想，病気，現実，自己へ逃げ込む。 | 回避逃げるも一手 | ○ | △ |
| 退行 | 早期の発達段階に戻る。幼児期への逃避。 | 童心に返る | ○ | ○ |
| 転換 | 不満や葛藤を身体症状に置き換える。 | もの言わねば腹ふくるる | ○ | |
| 転移 | 特定の人へ向かう感情を，よく似た人へ向けかえる。 | | ○ | △ |
| 昇華 | 反社会的な欲求や感情を，社会的に受け入れられる方向へ置き換える。 | | | ○ |
| 補償 | 劣等感を他の方向で補う。 | 碁で負けたら将棋で勝て | | ○ |
| 反動形成 | 本心と裏腹なことを言ったり，したりする。 | 弱者のつっぱり | ○ | △ |
| 投射（投影） | 相手へ向かう感情や欲求を，他人が自分に向けていると思う。 | 疑心暗鬼を生ず | ○ | |
| 合理化 | 責任転嫁 | いいわけ | ○ | △ |

になることもあります。

### (3) 精神分析療法の技法

　無意識に抑圧された感情や願望を意識化するためには，無意識に抑圧された感情や願望にアクセスする必要があります。そのための技法として，フロイトは**自由連想法**を考案しました。これはリラックスした状態で頭に浮かんでくることを意識的に選択せずありのままに話すという技法です。そこで話された内容や言いよどみ，感情的反応などのなかに無意識に抑圧されていた葛藤や願望が現れると考えられており，治療者はその内容を意味づけし，患者が自分の問題とその背後にある無意識的な葛藤の関連について理解できるように伝えていきます。自由連想法では患者はありのままに話すことを求められますが，想起する内容が自分にとって脅威となる場合には，無自覚的に沈黙したり，話題を変えてしまうことがあり，これを**抵抗**と呼びます。抵抗は想起内容に対してだけではなく，面接に遅刻したり，無断で欠席したりすることにも現れます。また，治療者に対して批判的になったり，不満を起こすこともあります。そうした治療者に対する態度は**転移**と呼ばれ，この抵抗や転移に想起されるべき内容が再現されていると考えられています。この抵抗や転移を分析することで，患者の現在の行動や感情，態度についての理解を深めていけるよう援助します。

## 2. 行 動 療 法

### (1) 行動療法の目標

　**行動療法**は，学習理論を臨床的に応用した心理療法です。学習と聞くと，学校での勉強をイメージしますが，知識を習得するだけではなく，その人らしさの基礎となる思考や感情も含めた広い意味での行動すべてを後天的に身につけていくプロセスを**学習**と呼んでいます。そのため問題行動，不適応行動などと呼ばれるような社会的にみて望ましくない行動も学習されたものということになります。このように考えると，学習された望ましくない行動は，別の望ましい行動へと再学習することも可能であると考えられます。このような考えに基づいて不適応行動を低減させたり，それに代わる適応的な行動を獲得することが行動療法の目標となります。

112　　第Ⅲ部　教育相談の方法と実際

## （2）行動療法による不適応状態のとらえ方

　行動療法では，問題行動や症状の原因の追求よりも，そうした問題がどのように維持されているかということに焦点をあてます。たとえば，授業中に大声を出す行動を何度もくり返すという問題行動について考えてみます。そうした行動は，はじめはたまたま授業中に大きな声を出してしまったという行動だったのかもしれません。この時，その行動に本人にとって良い結果（たとえば，苦手な授業が中断する，普段以上に注目されるなど）が伴うと，その後「苦手な授業（刺激）→大声を出す（行動）→授業が中断する・注目される（結果）」という一連の流れが維持されるようになると考えることができます。本人にとって良い結果が伴うことを**強化**と呼びます。強化には本人にとって快となる結果（例では注目される）が伴うことで行動が増加する「正の強化」と，不快さが減る結果（例では苦手な授業が中断する）が伴うことで行動が増加する「負の強化」があります。

## （3）行動療法の技法

　**① トークン・エコノミー法（望ましい行動を形成する）**：望ましい行動がみられた場合に正の強化を得ることで，その行動は増加します。正の強化をするために，たとえばお菓子のような直接的なご褒美を用いることが考えられますが，望ましい行動のたびにお菓子を与えるのは教育現場ではあまり現実的ではありません。そうした場合に**トークン・エコノミー法**を用いることができます。トークンは代理貨幣という意味で，集めた数に応じて，欲しい物と交換ができるという取り決めをしたもの（たとえばコインやシールなど）を指します。ある一定の望ましい行動をした場合に決められた数のトークンが与えられ，一定量のトークンを集めると利益が得られるようにします。子どもがトークンと利益の関係を理解することで，トークンが強化をするものとしての価値をもち，それによって望ましい行動を強化することができます。

　**② 系統的脱感作法（不安や恐怖を低減する）**：**系統的脱感作法**は，不安や恐怖の対象となっている刺激に，段階的に慣れていくという技法です。たとえば授業中にクラスメイトの前で発表することが怖くてできない子どもの場合，いきなり授業中に発表することに慣れるのは大変です。そこで同種類の不安や恐怖を感じるような場面（たとえば，学級全体ではなくグループのなかで発表するなど）をリ

第8章　カウンセリングⅠ

ストアップし，不安のもっとも強い場面から弱い場面まで段階的に並べた**不安階層表**を作成します。そして不安階層表のうち，不安をもっとも感じにくい場面から順に，その場面をイメージしたり，人が行っているところを観察したり，自分が実際に体験したりして，その場面で喚起される不安や恐怖に慣れる体験をくり返します。その際に，リラクセーションなどを用いて不安に慣れる方法もあります。その場面で不安を感じなくなったら，次の段階の不安場面へとステップをあげていきます。

### 3. 来談者（クライエント）中心療法

#### （1）来談者中心療法の目標

　**来談者中心療法**は，ロジャーズ（Rogers, C.）によって提唱された心理療法です。日本ではいわゆる「カウンセリング」として，心理臨床の領域だけではなく教育分野でもその考え方が広く浸透しています。

　来談者中心療法では，人には固有の成長力があり，自己の可能性をみずからの意志で発揮して生きることができると考えています。そうした来談者の心理的成長を援助することによって，来談者がみずからの問題に安心して取り組めるようになることが治療の目標となります。そのため，来談者中心療法におけるカウンセラーは，来談者の問題を解決する人ではなく，来談者が自分の問題を解決しようと努力しているところに寄り添う，伴走者のような役割をすることが求められます。

#### （2）来談者中心療法による不適応状態のとらえ方

　来談者中心療法を支える理論のひとつが自己理論です。自己理論では，現実に経験していることと自己概念の不一致が心理的問題を引き起こすと考えられています。ここでいう**自己概念**は，自分の感情や思考，自分の特徴など，自分で意識できる自分を指します。たとえば，自分はクラスの人気者という認識（自己概念）をもっていて，クラスメイトからあまり注目されない場面を経験した場合，自己概念と経験の間に不一致が生じます。この不一致が大きい場合には（図8-2の左図），たとえば注目されなかったということ（Ⅲ領域）を意識するのを拒否したり，注目されなかったのは自分へのやっかみのせいだ，というよう

に歪曲して意識したりすること（II領域）で心理的緊張が生じ，心理的不適応になると考えました。そのため，来談者中心療法の目標は，こうした経験と自己概念のずれを小さくして（図8-2の右図），自己一致ができる（I領域を広げられる）よう援助していくことになります。

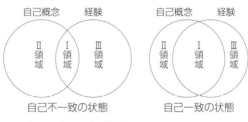

図8-2 自己一致の状態 （ロージァス, 1967 を改変）

### (3) 来談者中心療法の技法

来談者中心療法では，こうした来談者の自己と経験との一致を援助していく上で，技法よりも来談者の潜在的な力や自己実現を信頼するカウンセラーの態度が重要だと考えています。そして，心理的援助が成功するためには，以下の3つの条件をカウンセラーが満たしていることが必要だとロジャーズは述べています。

**①自己一致**：来談者との関係において，カウンセラー自身が自己一致していて，純粋で偽りのないありのままの自分でいることを指しています。

**②無条件の積極的関心**：たとえば「言うことをきくから（条件），やさしくする」というように条件つきで接したり評価したりするのではなく，来談者の存在を尊重し，ありのままに温かく受容することを指しています。

**③共感的理解**：来談者の感情や体験を，あたかも自分自身のものであるかのように感じとることを指しています。「あたかも」というところが大事で，相手と同じように感じていながらも来談者の感情に巻き込まれないことが必要です。

## 第3節　発展的なカウンセリング技法

### 1. 解決志向アプローチ

**解決志向アプローチ**は，問題（何が原因か）には焦点をあてず，解決（どうなりたいか）に焦点をあてて援助する心理療法です。解決志向アプローチでは，

クライエントは自分の問題を解決する資源（**リソース**）をもっていると考えます。たとえば，普段，友だちと一緒にいても自分からしゃべらない子のリソースは何でしょうか。「聞き上手」「人の嫌がることをしない」「よく人を見ている」「我慢強い」などいろいろ考えられます。子どものなかにあるリソースだけではなく，その子のまわりにもいろんなリソースがあるはずです。その子にどんなリソースがあるか，どのリソースが今使えるかを探し，解決に向けての援助に活用します。

　さらに，解決を引き出し発展させるための技法として，「例外」と「外在化」が用いられます。**例外**とは，問題に対する例外のことで，問題が起きていない時，いつもなら問題が起こるはずなのに起こらなかった時や状況を指しています。たとえば授業中に席を立って歩き回るという場合，おそらくいつも歩き回っているわけではないはずです。たとえば5分でも座っていられたという例外が起きた時や状況を見つけた場合，どうして座っていられたのか，座っていることに何が役に立ったのかなど話しあっていきます。そうすることで，本人も気づいていなかった（あるいは評価していなかった），すでに起きている解決の一部を広げ，積み重ねていくことを援助していく方法です。

　一方，**外在化**は問題を本人の外側にあるものと見なし，対象化する方法です。たとえば怠惰さを問題にする時，「この子は怠け者だ」と「怠け」がその子自身に備わっている特徴と見なされがちです。怠けをはじめから備わっているものと見なすと変化させることは難しいと感じるでしょうし，何より「自分は怠け者なんだ」と思うことで，子ども本人が変化することをあきらめたり，落ち込んだりするでしょう。ではたとえば「怠けてしまうのは『怠け虫』のせいだ」とするとどうでしょうか。宿題ができなかったり，授業をさぼってしまうのは，「怠け虫」がそうさせているからだと考えることで，自分のせいだと自分を責めることが減り，純粋に問題として客観的にとらえ，それに対する対応法を考えていくことができるようになります。まわりのおとなも子どもを責めることなく，子どもと一緒に「怠け虫」と戦うことができるのも利点のひとつです。

## 2. 構成的グループ・エンカウンター

これまで紹介してきたカウンセリングの考え方は，基本的に個人を対象としていますが，ここで紹介する**構成的グループ・エンカウンター**（Structured Group

**表 8-2　SGE のプログラム例**

| セッション | ねらい | エクササイズ | 活動の概要と今回の適用の工夫 |
|---|---|---|---|
| 1 (30分) | SGE についての説明 | 入講式<br>オリエンテーション | グループ・エンカウンターでのルールやスタッフの紹介を行う。 |
| 2 (80分) | SGE 参加への不安や緊張の低減<br>出会い | この指とまれ<br>じゃんけんボーリング<br>アドジャン<br>エンカウンターネームの命名 | アイスブレーキングを目的とし，身体的な活動を伴うエクササイズを中心とした，偶然性によるグループ編成をすることで，ペアリング（仲の良いメンバーが同じグループになる）を避け，新たな人間関係への抵抗を低減する。 |
| 3 (90分) | リレーション育成のきっかけ作り<br>仲間意識の向上<br>他者と協力する体験 | 魔法のじゅうたん<br>クリスマスツリー<br>10 人 11 脚 | 小グループごとに競う形式にし，「作戦タイム」「練習タイム」をとることで，小グループ内のメンバー同士で共同模索のプロセスを重視した。 |
| 4 (90分) | 自己理解<br>自己発見 | 進化じゃんけん<br>四面鏡 | 他者からのフィードバックによる自己理解、自己表現の活動を，まず関係性が形成されてきた小グループ内で行ったのち，全体で行うといったように段階をもたせた。 |
| 5 (90分) | 自己理解<br>自己表現 | 古今東西ゲーム<br>変形マジカルバナナ<br>人間かるた | 同上 |
| 6 (80分) | 他者信頼 | 瞑想<br>トラストフォール<br>ブラインドウォーク | 小グループではない 2 者関係における緊密な信頼関係を体験する。 |
| 7 (80分) | 集団の信頼関係の深化<br>一体感の体験 | 手つなぎオニ<br>魔法のいす | 全体活動の前に小グループでの活動を行い，そこで出された意見を全体にフィードバックし，クラス全体でどう協力すればよいかを模索した。 |
| 8 (90分) | 自己・他者の受容<br>SGE 全体のふりかえり | 別れの花束<br>終講式 | メンバーからの言葉を受けた後，自分の気持ちを表現する時間を長めにとり，双方向性のやりとりにした。 |

　あるクラスに対して集中的に行った SGE のプログラムです。このプログラムは，クラス全体の凝集性や志気を高めることを目的として，メンバーで協力して目標を達成するようなエクササイズを多く取り入れて構成しています。

第 8 章　カウンセリング I　　117

Encounter, 以下 SGE）は，集団を対象とするカウンセリング技法であるため，教育現場でも適用しやすく，よく用いられている技法のひとつです。

　エンカウンターは，「出会い」という意味で，グループ内での出会いを通して自己発見，自己成長を促進することをねらいとしています。また，SGE の「構成」というのは，グループのリーダー（進行役）がグループに合わせた課題（エクササイズ）から構成されるプログラムを組み，実施することを指しています。SGE では，数多くあるエクササイズを表 8-2 のようにグループの特徴や目的に応じて選択し，プログラムを構成することが重要になります。こうしたプログラムは，一定の間隔（毎週，毎月，毎学期など）をおいて継続的に実施する場合もありますし，集中的に数日間行うこともできます。参加者はエクササイズで体験したことや感じたことを分かちあうシェアリングを通して，自分の考えや気持ちを表現したり，他者の本音や気持ちを知り，受け入れるというような体験を得ていきます。

##  実践に向かって——カウンセリングのこつ

　ここまで，教育相談を行っていく上で基礎となるカウンセリングの理論や技法について学んできました。本節では，これらの考え方や技術を学校での教育相談に用いる上で重要となる点について考えてみたいと思います。

### 1.「聴く」こと

　どのような理論に依拠したカウンセリングでも，話し手の訴えや話を「聴く」ことが基本となります。「聴く」は「**傾聴**」という言葉にも使われるように，相手の話に一生懸命耳を傾け，話し手の視点から気持ちや考え，行動を理解しようと努めることを指します。しかし，話し手が感じていることを話し手の立場に立って推測するために，自分の判断や評価を差し挟まないように聴くのは実はかなり難しいことです。たとえば子どもが友だちに嘘をつく，勉強をする意欲がないというような問題行動や悩みなどは，教師の立場からすると改善したいと考えることがらだと思います。しかし，そのようにする子どもの気持ち

や背景よりも，改善することを優先して子どもの話を聞こうとすると，子ども
は先生は自分のことをわかってくれないと感じ，教師を信頼しなくなっていく
でしょうし，問題行動や悩みも改善されないかもしれません。普段はその時々
に自分が行っている評価や判断を意識することは少ないかもしれませんが，話
を聴く際には，そうした自分の心の動きにも注意を向けることが大切です。

　もうひとつ「聴く」ために大事なことは，自分が聴いて理解したことを相手
に伝えることです。教師自身が子どもの気持ちを理解することだけではなく，
子どもが「自分の気持ちや考えを先生にわかってもらえた」と感じることが重
要です。「今は，○○な気持ちなんだよね」と自分が理解したと思う子どもの
気持ちを言葉で伝えたり，わかろうとしている姿勢・態度を子どもにみせるこ
とで，子どもはわかってもらえた感じをもつことができます。それによって子
どもが安心感を得て，自分の問題を解決することに向けて努力できることへと
つながっていきます。

## 2. チームで関わる

　学校にはさまざまな人的資源があります。そうした人的資源をうまく活用し
ていくことが，教育相談を進める上で大切です。学級担任や教育相談担当の教
師に加え，学年主任や学年部，養護教諭，スクールカウンセラーなど，さまざ
まな立場からみんなで問題を抱えた児童生徒一人ひとりに関わることは，教師
にとっても児童生徒にとっても多くの利点があります。まず，複数の人が情報
を共有することで，対象となる子どもに対して一貫した対応ができることです。
自分の学級の子どもの様子が普段と異なることを学年全体で共有できれば，教
師各々がその子の様子をみて，声をかけるなどの対応がとれるでしょう。次に，
複数の目で子どもを見ることで，前項で述べたような自分の経験や価値観を脇
に置いて子どもをみる視点が得やすくなります。さまざまな視点からみられる
ということは，多様な問題解決の方法を得ることにもつながります。また，担
任は厳しく，養護教諭はやさしく接するというように，役割分担をして子ども
に対応することも考えられます。そして何よりも，学級担任や教育相談担当が
ひとりで頑張らなければならないという負担感を減らすことが，結果的に子ど

第8章　カウンセリングⅠ　119

ものためにもなるはずです。

### 3. 柔軟に関わる

　第1節で述べたように，カウンセリングで取り扱うような適応上の問題において解決は一つではありませんし，解決に至る方法も多様です。ひとつの方法や考え方に頼りすぎず，さまざまな方法を試すことが，問題解決の近道といえそうです。たとえば不登校の問題に対応する場合で考えてみると，教師が朝，家庭訪問して子どもに登校を促すことで再登校につながる場合もあるでしょうし，それではかえって子どもが部屋に閉じこもって出てこないという場合もあるでしょう。促しても再登校につながらなかった場合，毎朝同じように家庭訪問してもうまくいかないことが予想されます。うまくいかない場合には，同じことをくり返さず，別の方法に切り替えられる柔軟さが必要です。この場合なら，朝，誘いに行くのではなく，夕方に家庭訪問して，その日にあったことを伝えにいくようにしたり，家庭訪問ではなく手紙にしてみたりすることも考えられるかもしれません。また，「学校に登校させる」のではなく，子どもと関係を構築すると考えれば，家庭訪問しても子どもと一緒にゲームや雑談をして帰るという，別の関わり方も選択肢にあがるでしょう。

　以上，1～3まで「カウンセリングのこつ」としてまとめてみましたが，これらは，その子のことをわかりたいという「姿勢」があってこそのこつだということを強調したいと思います。

（清水　貴裕）

120　　第Ⅲ部　教育相談の方法と実際

## 演 習 問 題

　以下の問題行動について，本章で解説したカウンセリングの３つの理論的立場からはどのように理解することができるでしょうか。

> 　小学校５年生のＡさんは，クラス替えで新しいクラスになった５月頃から朝になると気持ちが悪いと訴えるようになりました。夏休み中は元気にクラブ活動に参加したり，近所の友だちと遊んだりしていました。しかし２学期になると再び気持ち悪さを訴え，登校しなくなりました。両親が理由を尋ねても，「学校で嫌なことはない」「体調さえよくなれば登校できる」と言います。担任の先生によると，Ａさんは４年生のクラスでは中心的な存在でした。しかし５年生では仲のよい友だちとはクラスが別になり，別のクラスだった子たちが中心的なグループとなっているとのことです。

(1) 精神分析療法（防衛機制から）
(2) 行動療法（問題行動の維持について，刺激―行動―結果の観点から）
(3) 来談者中心療法（自己不一致の観点から）

## 【引用文献】

前田重治（1985）. 図説　臨床精神分析学　誠信書房

前田重治（編）（1986）. カウンセリング入門　有斐閣

ロージャズ，C. R.　伊東博（編訳）（1967）. ロージャズ全集第８巻パーソナリティ理論　岩崎学術出版社

# カウンセリングⅡ
学校での実践

> 学校のカウンセリングの特徴は、子どもに援助的に関わることができる立場の人がたくさんいるということです。そこで求められることは、一人ひとりのカウンセリング力とチームワークです。子どもも一人ひとり違い多様性があるように、教師も一人ひとり違い多様性があります。集団をまとめることが得意な先生もいれば、個別に寄り添うことが得意な先生もいます。学校として、さまざまな子どもの援助ニーズを満たすためには、それぞれの教師がカウンセリング力を磨くとともに、自分の良さを発揮し、他の教員の良さを尊重し、良いチームを作ることが求められます。教師のチームワークの良さは、学校の風土として子どもに伝わります。ここでは、学校でのカウンセリングの基本、学校カウンセリングの枠組みを説明し、学校カウンセリングの具体的な進め方や留意点について述べていきます。

##  第1節　学校におけるカウンセリング的かかわり

教師が行うカウンセリングについて重要な点として、ラポール形成、カウンセリング・マインド、カウンセラーの態度と技法について解説します。

### 1. ラポールの形成

カウンセリングの基本は、カウンセラーと「クライエント（来談者）」のあいだの関係性を表す「ラポール」といわれています。ラポールとは、カウンセラーとクライエントのあいだに流れるあたたかい情緒的交流であり、日本語に訳すと「信頼関係」とされる時もあります。カウンセラーがクライエントの話によく耳を傾け、真摯に向きあうことによって、クライエントがカウンセラーを信頼する時に、生まれるものです。信頼（ラポール）がなければ、クライエントは日常の人間関係では話せないような怒りや不安といったネガティブな感情

や，過去のつらい体験を安心して表現できません。そして，そのような深い人間関係が成立しなければ，カウンセリングの効果は限定的なものになります。クライエントが安心して話をするベースに，カウンセラーとクライエントのラポールがあるといえるでしょう。

　教師と児童生徒のラポールは日常生活のなかで培われます。カウンセラーは週1回などで設定される面接のなかでラポールを形成するため，その時間に注力することでラポールを築きます。一方，教師は日頃からの子どもとのかかわりがあり，教師として指導する立場や教科を教え評価する立場もあり，日々ラポールが上下することも考えられます。しかし，ラポールが低下しても，挽回するチャンスも日常のなかにあります。今日はレクの時間をとって，子どもがやりたいことをやれる時間を作ろうとか，この子と最近あまり話していないから声をかけようとか，日常のなかでできることがたくさんあります。ラポールがよく形成されている状態は，子どもだけでなく，教師にとっても学級の居心地がよくなります。ラポールに気を配り，そこに時間や労力をかけることは，児童生徒にも教師にもプラスになります。

## 2. 教師のカウンセリング・マインド

　**カウンセリング・マインド**とは，日本で生まれたことばであり，「カウンセリングの心」「カウンセリングの精神」をもって相手に接することをいいます。日本のカウンセリング心理学を牽引された**國分康孝**氏は，カウンセリング・マインドについて，「個人およびグループと寸暇を惜しんでリレーションづくりをしようという姿勢，つまり人間関係を大事にする姿勢のこと」と定義し，また，「カウンセリングの原理を活かした姿勢，態度のこと，技法を超えた人間としてのあり方を強調した言葉である」と説明しています（國分, 1991）。カウンセリング・マインドということばは，教師の教育相談の指針になる生徒指導提要にでてくるものではありませんが，生徒指導提要には教師が集団の場面で必要な指導や援助を行うガイダンスと，一人ひとりが抱える課題に個別に対応した指導を行うカウンセリングの両方により，児童生徒の発達を支援するとあります。つまり，カウンセリングはすべての教師に必要なのです。

**図 9-1　教育における 4 類型の関係**
(岡田, 1993 をもとにした石隈, 1999 から参照)

おとなの子どもへの教育的かかわりについて、教育学者の岡田 (1993) は縦のかかわり・横のかかわりを1つの軸として、安定・調和的かかわりと対立・葛藤的かかわりをもう1つの軸として、**4種類のかかわり**を示しています (図 9-1)。権力的かかわりは、縦の関係であり、力によって子どもにいうことをきかせるというかかわりになります。このかかわりを乱用すると子どもとの関係は悪くなりますが、子どもが危ないことをしようとしている時、子どもの自由を尊重するわけにはいきません。時には、子どもがしようとしていることを強く制する場合もあります。権威的かかわりは、子どもがおとなに対して尊敬したりあこがれたりすることによって子どもがおとなにくれる力 (「権威」) を軸にしたかかわりです。認知葛藤的かかわりは、子どもがおとなから自分とは異なる意見や価値観を提示されることにより、視野や考え方が広がるかかわりです。受容的・呼応的かかわりは、自分のことをありのままに受け止めてくれるかかわりです。この4種類のかかわりを心がけることで、子どもへの対応の幅が広がり、かかわりに柔軟性が生まれます。また、教師によって、自分が得意なかかわりも異なるでしょう。お互いに得意なかかわりを生かしながら、学校全体でこの4種類のかかわりがバランスよく行われるよう、チームで対応することも必要です。

### 3. カウンセラーの態度──傾聴と共感的理解

カウンセラーが話を聴く時に大切にすることに、**傾聴**と**共感的理解**があります。**傾聴**とは、子どもの様子を心を傾けて観ること、子どもの話を心を傾けて聴くことです。**共感的理解**とは、「私があなただったらこういう風に思うのではないか」と想像しながら、相手の立場に身を置き話を聴くことです。教師は指導的立場もあるため、評価的理解に陥りやすく、傾聴や共感的理解を行うこ

とが難しいことがあるかもしれません。しかし，学校生活で苦戦している子どもや気がかりな子どもと関わる時，まず子どもの気持ちや思いを理解すること（共感的理解）が大切であり，そのためには傾聴が不可欠といえます。そのような共感的理解や傾聴によって，子どもとのラポールが形成され，子どもが安心して自分のことを話せるようになるでしょう。学級の人数が多い現状では，常にすべての子どもに対して傾聴・共感的理解を行うことは難しいので，様子がおかしい時，元気がない時，何かあったかなと思う時に，モードを変えて，カウンセリング的に関わるということが現実的でしょう。

　傾聴，共感的理解を行う際に重要なこととして，話を聴く側が傾聴していること，共感的理解を示していることが，相手に伝わっている必要があります。無表情で何かしながら深く傾聴していたとしても，それは相手には伝わらず，話す側は話しにくく感じるでしょう。カウンセラーになるためのトレーニングのなかで，傾聴・共感的理解が伝わる話の聴き方を練習するトレーニングがあります（アイビイ，1997）。そこであげられている話の聴き方を表9-1に示します。まず基本となるのが話の聴き方の基本的な姿勢となる「かかわり行動」です。座る距離，視線の位置，話すスピード，声の質などに気を配ります。そして，話をしながら相手が話しやすく感じているかを観察する「クライエント観察技法」も重要です。さらに事実を確認するために「閉ざされた質問」をする，相手の主観的な世界を理解するために「開かれた質問」をするなど，「質問技法」を使って効果的に質問します。そして，子どもが話を続けやすいように，「最小限度のはげまし」「いいかえ」「要約」を行います。また子どもが伝えたいこと，わかってほしいと思っていることは感情であることが多く，感情に目を向けながら話を聴きます（「感情の反映」）。さらに同じ出来事でも子どもにとって意味が異なる場合もあるので，わかったつもりにならず，そのことがその子どもにとってどういう意味があるのかということを尋ねます（「意味の反映」）。

 ## 第2節　学校におけるカウンセリングの枠組み

　学校におけるカウンセリングの枠組みについて，学校における子どもの援助

**表9-1 カウンセリングスキル** (アイビイ, 1997 を参考に作成)

| 技法 | 説明 |
|---|---|
| かかわり行動 | 文化に適した視線の位置, 相手や自分の顔の表情や体の姿勢, 相手や自分が話すスピード・声の大きさ・声の調子 (声の質), 相手が話している話題からそれないこと。 |
| クライエント観察技法 | 子どものかかわり行動を観察すること。子どもが話したいと思えているかどうか, 話すことやその場に対してどのように思っているか観察する。それを見ながら面接者は自分の行動が相手に対して適切であるかどうか判断できる。 |
| 質問技法 | 開かれた質問と閉ざされた質問の2種類ある。開かれた質問は, 子どもの答えの範囲を限定せず, 自由に話ができるように質問する (例.「新学期始まってどうかな?」「休みの日は何してる?」)。閉ざされた質問は, 1語か2語の答えを求めたり, 「はい」か「いいえ」で応えられる質問。事実を確認するのに有効。(例:「好きな教科は?」「部活は楽しい?」) |
| 最小限度のはげまし・いいかえ・要約 | 子どもが話しやすいように, 面接者が話を聴いていることを伝えるかかわり。最小限度のはげましは, 短い応答 (「うん, うん」「うーん」「そっか」) や相槌, うなづきなど。いいかえは, 子どもの言うことを正確に子どもに返すこと。要約は, 語られたことの重要部分をくり返し, 短縮し, 具体化すること。 |
| 感情の反映 | 子どもの感情を正確に感じとる技法。子どもが受け止めてほしいと思っていることは感情であることが多く, 子どもが直接あるいは間接的に表現している感情に目を向けながら話を聴く。(例:「みんながあなたがまるでそこにいないように話を続けて, すごく寂しい感じがしたし, 悲しかったんだね。」) |
| 意味の反映 | 子どもが体験していることに対する個人的な意味を理解する技法。同じ出来事でも, 人によってその意味は異なる可能性があるため, 子どもにとっての意味を確認しながら話を聴く (例:「プレゼントをもらって, あなたはどう思ったの?」) |

に関する学問体系である「**学校心理学**」(石隈, 1999) をもとに説明していきます。

## 1. 何を援助するか (What)

### (1) 子どもに対する援助

学校におけるカウンセリングの実践では, ①子ども, ②子どもの援助者である教師や保護者, ③そして子どもと子どもの援助者が生活する環境となる学校システムを援助対象とします (石隈, 1999)。まず子どもに関する援助について述べます。すべての子どもは発達する個人としての**発達課題**と, 学校に通う児童生徒としての**教育課題**に取り組みながら成長します。学校におけるカウンセリングでは, 子どもがこの発達課題・教育課題に取り組むことを援助します。また, 一部の子どもはこの発達課題や教育課題の取り組みがうまくいかない場

合や，すべての子どもが出会う課題に加え，転校や親の離婚，大切な人との死別などさらなる問題状況が加わる場合があり，苦戦を示すことがあります。

こうした苦戦の状況は，不登校や気分の落ち込みなど自分に向かう**内在化**と呼ばれる問題状況と，暴力行為や非行など**外在化**と呼ばれる問題状況として表れることがあります。学校におけるカウンセリングでは，子どもが示す問題状況を子どものSOSのサインとして受け止めます。また，子どもの問題があまりにも大きくなってしまった時，あるいは自然災害や事件事故などのような大きな事態に見舞われた時，子どもは危機状態におちいることがあります。**危機**とは，子どもが普段使っている対処をすべて試みても事態が改善せず，一時的に情緒的混乱におちいっている状態をいいます。危機状況における支援のポイントは，一刻も早く子どもが情緒的均衡を取り戻せるよう，具体的に援助していくことです（気持ちがおちつくまでそばにいる，安全を確保するなど）。

### (2) 子どもの援助者に対する援助

また，子どもの援助者である教師や保護者も苦戦している状況があります。教師のメンタルヘルスの問題は深刻な問題となっています。教師のような対人援助職は，成果が形になってみえにくく，情緒的資源を使い続けるため，**バーンアウト**と呼ばれる燃え尽き状態になりやすいことが知られています。バーンアウトしやすい職場環境には，①職務多忙，②生徒指導の困難，③職員の人間関係の悪化，バーンアウトしやすい教師の特性には，①手抜きができない教師，②「こうでなければならない」といった固い信念（**イラショナル・ビリーフ**）の存在，③人に助けを求める傾向（**被援助志向性**）が低いことなどがあげられています。

また，保護者も子どもとのかかわりにおいて，援助を必要としています。核家族化や地域の人間関係の希薄化により，家族を支援する資源が少なくなっています。このような現状のなかで，どのように家族に必要な支援を提供するかということも大切な課題です。子どもの発達の課題や不登校状況などで悩んでいる保護者に対して，担任がこまめに連絡をとりあう，スクールカウンセラーや地域の専門機関につなぐなど，保護者が孤立しないように関わることが重要です（第11章参照）。

### (3) 学校システムに対する援助

　学校システムに対する援助という視点もあります。多くの児童生徒が苦戦している日本の学校において，学校のカリキュラムや授業，学校行事，学級のあり方など，既存のシステムをカウンセリングの視点で見直すことも，必要になってきています。多くの子どもが学習に苦戦している状況がみられるなか，子どもが学習の方法を自分で選び，自分のペースで学習できる **“個別最適化された学習”** が注目されています。また，人づきあいが苦手な子ども，感情のコントロールが苦手な子どもも増えています。新しい生徒指導提要（文部科学省，2022）では，子どもたちの社会性を育てる取組として，**ソーシャル・スキル・トレーニング**（SST）や**ソーシャル・エモーショナル・ラーニング**（SEL）が紹介されています（第10章参照）。こうした学習は継続的に体系的に行うことによって効果が高まります。就学前から小学校・中学校と積み上げていくこと，学校全体で取り組むことが重要といえます。

## 2. 学校カウンセリングはどこで行われるか（Where）

　学校カウンセリングは，児童生徒の生活の場の1つである学校のなかで行われます。毎日の朝の会・帰りの会で児童生徒の様子を把握しタイムリーな支援を行う，わかりやすい授業を行う，授業のなかで SST や SEL などの要素を取り入れ児童生徒のコミュニケーション能力や社会性の向上を図る，授業の行き帰りや廊下等で気になる児童生徒に声をかけ問題の早期発見やタイムリーな介入を心がけるなど，児童生徒と生活の場を共有している教師だからこそできる援助を充実させることで，大きな問題の発生を防ぐ予防効果が期待されます。

　もう1つの重要な場が，学校外の子どもが通うさまざまな学びの場です。2016年に成立した「**教育機会確保法**」では，教育支援センター，不登校特例校，NPO 法人やフリースクール，夜間中学校など多様な学びの場と連携し，子どもの学びを止めないこと，社会的自立を目指す援助が強調されています。子どもの学びの場が広がり，子どもの居場所が増え子どもがさまざまなかかわりを持てる場が広がることを目指します。

128　第Ⅲ部　教育相談の方法と実際

### 3. 学校カウンセリングの担い手はだれか──4種類のヘルパー

石隈（1999）は子どもの援助者について、「**4種類のヘルパー**」という概念を提唱しています。この4種類のヘルパーは、援助的な役割がその人の仕事のなかでどのような位置を占めているかで分類されます。「**専門的ヘルパー**」は、子どもに対する援助を専門に行うものであり、スクールカウンセラー（SC）やスクールソーシャルワーカー（SSW）等が該当します。「**複合的ヘルパー**」は、教科指導や学校行事の運営、部活指導など複合的な仕事を行うなかの1つとして子どもに対する援助を行うものであり、教師を指します。「**役割的ヘルパー**」は、子どもに対する援助を仕事としてではなく、親としての役割上行うものであり、保護者が該当します。「**ボランティアヘルパー**」は、仕事上や役割上ではなく、友達や、近所のおじさん・おばさんや、スポーツチームのコーチなど、自然な関係のなかで援助的に関わってくれる存在です。子どもが元気になっていく過程では、自然な関係性であるボランティアヘルパーの存在が大きいですが、ボランティアヘルパーとの関係を子どもがもてるようになるために、専門的ヘルパーや複合的ヘルパー、役割的ヘルパーの援助が必要な時もあります。

今、学校では学習支援員や巡回相談員などさまざまな立場の子どもの援助者が増えています。それぞれの援助者がばらばらに子どもを支援しようとする時、子どもは混乱してしまいます。4種類のヘルパーがそれぞれの役割を生かして子どもと関われるようにするには、"**コーディネーター**"の役割が重要です。特別支援教育コーディネーターや、生徒指導・教育相談の担当教員、養護教諭などがその役割を果たします。そしてそれぞれの援助者がチームを意識して、チームの一員として関わることも重要です。

援助者に対して、子どもがどの程度援助を求めるかということが、被援助志向性という枠組みで、研究されています。現在、学校にSCの配置が進んでいますが、子どもがSCを利用しないとその効果が発揮されません。専門的ヘルパーの利用は、日ごろかかわりが少ないため、呼応性の心配（自分のことをわかってくれるか）、スティグマ（SCを利用するのは特別な子であるなど）といった心配が生じやすいものです。必要な時に援助を求められることは大切な力であるということを子どもに伝え、SOSを出せる力を育てることも新しい生徒指導提要

で強調されています。また子どもと日常的にかかわる複合的ヘルパーが子どもに声をかけ SC につなぐ役割も重要です。

### 4. 子どもをどのように援助するか——三段階の心理教育的援助サービス（How）

学校において子どもをどのように援助するか計画する時，**三段階の心理教育的援助サービス**という考え方が参考になります（石隈，1999；水野ら，2013）（図9-2）。まず，基盤となるのは，すべての子どもを対象として行う問題の予防のための援助サービスや，発達促進的・開発的援助サービスです。これを，一次的援助サービスと呼びます。すべての子どもは発達課題・教育課題に取り組みながら成長します。小学校や中学校で行われる新入生を対象としたガイダンスなどは，進学という移行の課題を支援する一次的援助サービスといえます。次に，二次的援助サービスは，登校しぶりや学習意欲の低下がみられる児童生徒や，転校生や帰国子女など生活の変化を経験している児童生徒や，親の離婚や家庭の経済的困窮などを経験している児童生徒など，一部の気になる児童生徒に対して早期発見・適宜介入を行う援助です。三次的援助サービスは，不登校状態にある児童生徒やいじめを経験している児童生徒，発達障害のある児童生徒など，援助ニーズが高い児童生徒に対して行われる援助で，個別教育計画や

**図 9-2　三段階の心理教育的援助サービス，その対象，および問題の例**（石隈，1999 の一部を改めた）

個別支援計画などに基づき，個別の援助サービスが行われます。

学校心理学で用いられてきたこの考え方（石隈，1999；水野ら，2013）は，新しい生徒指導提要の重層的支援構造（2軸3類4層支援）の支援の枠組みにも反映されています（文部科学省，2022）。

 ## 第3節　学校カウンセリングの実際──問題解決に向けて

ここでは，問題解決に向けたカウンセリングのプロセス，4種類のソーシャルサポート，危機におけるカウンセリングについて述べていきます。

### 1. 問題解決に向けたカウンセリングのプロセス

問題解決に向けたカウンセリングのプロセスについて説明します。カウンセリングが開始される状況には，子どもが教師に相談する場合，教師が子どもの様子が気になり声をかける場合，教育相談面接やアンケートなどで子どもが相談を希望したり，気になる回答がみられ教師が声をかけたりする場合が考えられます。

子どものカウンセリングを始める時，第1ステップは，「現状のシナリオの理解」になります（表9-2参照）。子どもがどんなことに困っているか理解するため，傾聴的・共感的かつ具体的に話を聴きます。学校心理学では子どもが学校生活で援助を必要とする（可能性のある）領域として，学習面，心理・社会面，進路面，健康面という枠組みを用います。心理面は，子どもの心理的状態に関

表9-2　カウンセリングのプロセス（石隈，1999）

| ステップ | 説　明 |
| --- | --- |
| ステップ1<br>現状のシナリオの理解 | 子どもがどんなことに困っているか理解するため，傾聴的・共感的かつ具体的に話を聴き，問題状況を理解する。 |
| ステップ2<br>目標のシナリオの設定 | 子どもが感じている状況に対してどのようになればよいか，どのようにしていきたいかということを，子どもと検討し目標を設定する |
| ステップ3<br>行動の援助 | 目標を達成するための方法を検討し，適切な方法を選び，実行することを援助する。必要に応じて，スキルトレーニングや考え方への働きかけなどを行う。 |

するもので，子どもが自分をどうとらえているかやストレスの状況などを指します。社会面は子どもと他者とのかかわりで，友人・家族・教師との関係における悩みなどを指します。子どもによって，勉強がわからなくてついていけない（学習面），自分の性格が好きではない（心理面），新しいクラスで友達ができない（社会面），行きたい学校があるが今の成績では難しい（進路面），腹痛が続いている（健康面）といった悩みがあるかもしれません。そうした相談を受けたとき，その問題（主訴）がいつから続いているか，これまでに自分でやってみたことがあるか，やってみてどうだったか，など話を聴きます。

　ステップ2「目標のシナリオの設定」では，その状況に対してどのようになればよいか，どのようにしていきたいかということを，子どもと時間をかけて目標を検討していきます。ステップ3「行動の援助」では，ステップ2で決めた目標を達成するための方法を検討し，適切な方法を選び，実行することを援助します。方法が決まっても，それを子どもができると思っているかどうか，子どもの行動のレパートリーのなかに必要な行動があるかどうかなど，子どもの置かれている状況は一人ひとり異なります。必要に応じて，スキルトレーニングや考え方に働きかけるアプローチを行い，子どもが目標とする行動を実行できるようサポートします。1度の面接で問題が解決する場合もありますし，面接を継続的に行う必要がある場合もあります。

　たとえば，最近元気がない様子の中学2年生の男子生徒に，担任教師が声をかけ始まったカウンセリング的かかわりをみていきます。廊下で声をかけ話をきくと，いろいろうまくいかなくて落ち込んでいるということでした。そこで，放課後，個別に話をすることにしました。話をすると，昔から引っ込み思案で新しい友達が作れないこと，クラス替えの後1人でいることが多いこと，勉強もできなくて，自分はだめだと思ってしまうということがわかりました。そこで生徒と話しあって検討した結果，「新しいクラスで話せる人を増やしていくこと」を目標としました。そのために，人に話しかける方法や話しかけられた時に答える方法を検討すると同時に，教師が感じているその生徒のよいところを伝えるなどの支援を行いました。そして，その生徒が他の生徒と話せる場面を授業のなかや学級活動のなかで取り入れました。その結果，少しずつ話せる

友達ができてきました。状況はだいぶ改善しましたが，気分の落ち込みが続いていたため，SC との面談も本人に提案したところ，話してみたいということだったため，SC との面談も設定しました。SC とのカウンセリングを数回行ったところ，学校生活をかなり楽しめるようになったということで，援助を終了することにしました。担任は引き続き，学年が変わるまでその生徒の様子を見守りました。

　このケースでは，担任が行うカウンセリングと SC が行うカウンセリングが両方使われています。担任はまずこの生徒が援助を必要としていることに気がつき声をかけています。そして，生徒の現状のシナリオの理解を行い，目標を設定し，行動の援助を行っています。併せて，普段からその生徒を知っているからこそできる生徒の強みを本人に伝える支援や，ほかの生徒と話す機会を増やすなど環境調整も行っています。これらは教師が行うカウンセリングの強みを生かした支援といえます。そして専門的なカウンセリングが必要なところは SC につなぎ，チーム支援を行っています。

## 2. 4種類のソーシャルサポート

　援助者が子どもに対して行う援助を，援助者の行動に基づいて分類する4種類の「**ソーシャルサポート**」という考え方があります（House, 1981；石隈, 1999）。そこには「**情緒的サポート**」「**情報的サポート**」「**評価的サポート**」「**道具的サポート**」が含まれます（表9-3）。これらのサポートは，子どもはもちろん，子

表9-3　**4種類のソーシャルサポート**（House, 1981；石隈, 1999 を参考に作成）

| サポートの種類 | 説　明 |
|---|---|
| 情緒的サポート | 援助者が子どもに関心，信頼，傾聴，支持などの情緒的なはたらきかけを提供すること |
| 情報的サポート | 子どもの課題への取り組みや問題解決に役立つ情報，示唆，アドバイスなどを提供すること |
| 評価的サポート | 子どもの課題への取り組みの状況に対して，援助者が評価（肯定，意見，基準との比較など）をフィードバックすること |
| 道具的サポート | 子どもに対する具体的で実際的なサポート。援助者は，子どもに物品，金銭，労力，時間，環境調整による助力を提供すること |

どもの保護者が困っている時，同僚の教師が困っている時にも使える考え方です。その人が何に困っていて，どんなサポートがあると状況が改善されるのか，あるいはサポートをせずに見守ったほうがよいのか，援助者は場面に応じて考えて働きかけます。

　ここで1つ強調したい点は，子どもによって援助を求める傾向が異なることです。自分が抱えている問題をよく理解して，必要な援助を要請できる子どももいれば，何に困っているかわからない，誰に何を相談したらよいかわからないという状況の子どももいます。困りごとが大きい子どもほど，困っている状況が当たり前になりすぎて，自分からは相談しない傾向があります。援助者が子どもと関わり，子どもの状況を把握して，少しずつ必要な援助を始めてみることが必要な場合もあります。

### 3. 危機におけるカウンセリング

　子どもの困りごとがあまりにも大きい時，子どもが危機状況におかれる場合があります。学校では，「死にたい」と発する生徒やリストカット等の自傷行為をしている生徒と出会うこともあります。子どもが危機的な状況にいると判断した場合には，子どもの命を守るために，1人にしないことや，保護者に連絡し迎えに来てもらうなど，具体的な行動をとります。また，子どもが，他の人に言わないでほしいと言う場合でも，自傷や他害のリスクがある場合は，守秘義務を超えて管理職に状況を報告しチームで対応しなければなりません。

　またその場においてその瞬間にどう関わるかということも問われます。自殺の危険の高まった児童生徒へのかかわりでは，「TALKの原則」と呼ばれるものがあります（文部科学省，2022，p.201）。

**Tell**　心配していることを言葉に出して伝える。

**Ask**　「死にたい」と思うほどつらい気持ちの背景にあるものについて尋ねる。

**Listen**　絶望的な気持ちを傾聴する。話をそらしたり，叱責や助言などをせず，訴えに真剣に耳を傾ける。

**Keep Safe**　安全を確保する。1人で抱え込まず，連携して適切な援助を行う。

　このような対応を日常のなかで行うことは，教師にとっても苦しく不安や緊

張が高まります。日頃からこうした事態を想定し研修等で学びロールプレーなどをしておくことで，備えておくことが重要です。また実際にこうした対応があった時には，1人で抱えることがないよう，管理職や同僚教師，スクールカウンセラーに相談し，チームで対応します。

 ## 第4節　実践に向かって——実践における留意点

### 1. 現在のスタンダードに基づいて援助する

　教師のやりがいの1つとして自由度の高さ，創造的な教育実践ができることがあります。一方で，子どもに対するガイダンスやカウンセリングに関連して，2000年代に入り，多くの教育制度の改正や法律の整備が行われ，標準的な対応をすることも求められています。2007年の特別支援教育のスタート，2013年のいじめ防止対策推進法，2016年の障害者差別解消法，教育機会確保法などです。また，2022年に「子ども基本法」が成立し，子どもの権利擁護や意見を表明する機会の確保等が法律上位置づけられました。子どもの援助に関して，教師や学校によって必要な支援が受けられたり受けられなかったりする差が生じることは避けなければなりません。こうした教育の動向を反映して改訂されたのが生徒指導提要になります。

　生徒指導提要には，トピックとして，「いじめ」「暴力行為」「少年非行」「児童虐待」「自殺」「中途退学」「不登校」「インターネット・携帯電話に関わる問題」「性に関する課題」「多様な背景を持つ児童生徒への生徒指導［発達障害・精神疾患・健康課題・支援を要する家庭状況（経済的困難，外国人児童生徒等）］」があげられています。新しい生徒指導提要はオンラインでいつでも参照できるようになっています。必要な時に参照しながら，現在のスタンダードに基づいて子どもの援助を行うことが求められているといえます。

### 2. 多職種連携を意識する

　生徒指導提要のなかで強調されていることの1つに，心理や福祉の専門家との連携があります。これまで長く教師中心で運営されてきた学校という場にお

いて，他の専門職と連携することは新しいことでもありますし，配置形態や配置時間の面で配置がまだまだ十分に進んでいないため活用したくても活用しにくいという面もあると思います。しかしながら，子どもが置かれている厳しい現状を考えたとき，心理や福祉，医療，特別支援教育の専門家を含めた多職種連携は今後ますます必要になってきます。SC や SSW に何がお願いできるのかわからないという声も聴きますが，まずは話してみることから始めてください。こういう生徒がいて，こういうところが心配でと話をすることで，心理の視点，福祉の視点でどのようにその子どもの状況をとらえられるか，どのような援助が考えられるかといった助言が得られます。子どもが必要とする援助を，どこの誰と連携すれば提供できるのか，そういう視点が重要になります。

### 3. 子どものウェルビーイングに着目する

　学校カウンセリングでは，不登校やいじめといった子どもの苦戦する状況や問題行動に目を向けることが多いですが，子どもの問題状況を考える際には，生活満足度や主観的幸福感といった子どものウェルビーイングの状態に着目することも大切です。新しい教育振興基本計画にも子どものウェルビーイングの促進という目標が掲げられています（文部科学省，2023）。学校が子どもにとって楽しい場所になっているか，学校に子どもが会いたいと思う友人やおとながいるか，将来の自分にとって意味のあることを学べる場所と思えているかといった視点が，子どもの援助を考える時には重要です。感覚過敏があり，また，人との関係も苦手で学校に行けなかった生徒が，「この先生のこの授業が受けたい」と思い，学校に行くようになった例もあります。嫌なこと・苦手なことを，やりたいこと・学校に行く意味が上回ることによって，学校に行くことができるようになる場合もあります。子どもに寄り添い，子どものウェルビーイングの状態に着目し，それを高めていくようなかかわりを行うことも，学校カウンセリングの1つのアプローチといえます。

（飯田　順子）

## 演 習 問 題

(1) ラポールを築く上で重要な要因とその要因をあげた理由を述べなさい。

(2) 三段階の心理教育的援助サービスの各段階において，どのような援助サービスがそこに含まれるか具体的にあげなさい。

(3) 援助者のチームにおいて自分が貢献できる強みをあげなさい。

### 【引用文献】

House, J. S. (1981). *Work Stress and Social Support*. Addison-Wesley

石隈利紀 (1999). 学校心理学——教師・スクールカウンセラー・保護者のチームによる心理教育的援助サービス　誠信書房

Ivey, A. E. & Gluckstern, N. B., & Ivey, M. B. (1997). *Basic Attending Skills 3rd edition*. Microtraining Associates, Incorporated.

（アイビイ，A. E.　福原眞知子（訳）(1999). マイクロカウンセリング——基本的かかわり技法　丸善出版）

國分康孝 (1991). カウンセラーのための6章——カウンセリング・マインドの展開　誠信書房

水野治久・石隈利紀・田村節子・田村修一・飯田順子（編著）(2013). よくわかる学校心理学　ミネルヴァ書房

文部科学省 (2022). 生徒指導提要

　https://www.mext.go.jp/content/20230220-mxt_jidou01-000024699-201-1.pdf

文部科学省 (2023). 教育振興基本計画

　https://www.mext.go.jp/content/20230615-mxt_soseisk02-100000597_01.pdf

# 10 課題予防的・発達支持的教育相談

## 不適応を防ぎ，強いこころを育てる

　子どもたちは多くの時間を学校で過ごします。学校の役割は子どもの学業面を高める場であるとともに，すべての子どもたちの心身の健康や適応面を守り育てる絶好の場所です。普段の学校教育場面においても，問題が生じてからの対応ばかりではなく，子どもたちがもつ自助能力を高めるための取組が必要です。本章では，課題予防的・発達支持的な視点から学校における子どもたちへのアプローチを考えます。

### 第1節　問題を未然に防ぐことの大切さ

　教師が抱える現場でのストレスは多岐にわたります。たとえば，他の教員との関係，煩雑な仕事，多忙，児童生徒との関係，教師からの評価，部活動指導，校務分掌，保護者からの評価，個別指導などです（田中ら，2003）。教師の時間の多くは子どもたちとのかかわりにあることを考えれば，子どもたちの恒常的なメンタルヘルスの安定は，ひいては教師の安定にもつながることは言うまでもありません。

　問題を未然に防ぐ観点からの教育相談として「発達支持的教育相談」と「課題予防的教育相談」があります（序章を参照）。前者は子どもたちの心身の健康や適応を促進し，たとえ将来的に問題が起こっても，みずから解決できる力を養うことを目的としたものです。特別活動，総合的な学習の時間などを利用し，学級や学校全体の児童生徒を対象に実施されます。一方後者は，大きく2つに分類されます。1つ目は課題未然防止教育であり，すべての子どもたちを対象として，ある特定の問題や課題の未然防止を目的に行われます（文部科学省，2022）。2つ目は課題早期発見対応と呼ばれ，「発達課題の積み残しや何らかの脆弱性を抱えた児童生徒，あるいは環境的に厳しい状態にある児童生徒を早期に見つけ出し，即応的に支援を行う」対応です（文部科学省，2022）。

本章では，この課題予防的教育相談のうち，後者の課題早期発見対応を中心としたアプローチについて考えます。次に，発達支持的ならびに課題予防的教育相談において活用が可能な心理的アプローチ方法のいくつかをとりあげます。そして最後に問題を未然に防ぐ最新の教育として，予防教育プログラムの一例をご紹介します。

 ## 第2節　問題などのきざしが見られる子どもの早期発見を目指す

　前節でもふれたように，課題予防的教育相談のうち，課題早期発見対応では問題などのきざしがみられる児童生徒を早期に見つけ出し，支援を行うことが求められます。文部科学省（2022）の生徒指導提要によれば，早期発見と対応の方法として，それぞれ表10-1のような例をあげています。

　まず早期発見の方法としては，丁寧なかかわりと観察，定期的な面接，児童生徒の日記や絵などの作品の活用，そして質問紙調査なども組み合わせる形の方策を例示しています。このような方法を用いながら，深く児童生徒を理解することの重要性を指摘しています。なお，観察時のポイントについては図10-1を参照してください。

　そして，早期対応の方法例としては，スクールカウンセラーやスクールソーシャルワーカーなども集まる形でのスクリーニング会議，気になる児童生徒のリスト化と定期的な情報更新，援助ニーズの高い児童生徒への個別の支援計画，特定のテーマにおける対象者へのグループ面接，そして関係機関を含めた学校内外のネットワークによる支援をあげています。いずれも，関係各所と連携をしながら児童生徒を支援する姿勢が大切であるといえるでしょう。

 ## 第3節　学校で用いられているアプローチ方法

　それでは，支援する際には，どのような方法が考えられるのでしょうか。本節では発達支持的ならびに課題予防的教育相談において活用が可能な心理的アプローチ方法のうち，ソーシャル・スキル・トレーニング，ストレス・マネジ

**表 10-1　課題予防的教育相談：課題早期発見と対応の方法**

（文部科学省，2022，p.82-85 に掲載の内容について一部表現を変更し，表にまとめて掲載）

| 1) 早期発見の方法　代表例 | |
|---|---|
| 丁寧な関わりと観察 | 自分の状況を適切に表現できない児童生徒も少なくない。教職員が積極的に児童生徒のサインに気づこうとする姿勢が大切。<br>※具体的なサイン例については図 10-1 を参照 |
| 定期的な面接 | たとえば定期的に 5 分の面接を行う。継続することにより「定期相談のときに相談できる」という安心感につながる。受容的かつ共感的に傾聴することが重要。 |
| 作品の活用 | 児童生徒の日記，作文，絵などは児童生徒の心理状態などに関する有益な情報を含んでいる可能性がある。気になる作品などは，他の教職員やスクールカウンセラーと共有し，検討することも大切。 |
| 質問紙調査 | 観察や面接で見落とした児童生徒の SOS を把握するために有効。観察等と組み合わせた質問紙調査を行うことで，より深い児童生徒理解が可能。 |
| 2) 早期対応の方法　代表例 | |
| スクリーニング会議 | 教育相談コーディネーター，生徒指導主事，特別支援教育コーディネーター，養護教諭，スクールカウンセラー，スクールソーシャルワーカーなどが集まり，リスクの高い児童生徒について必要な支援体制を整備するために開催される会議。会議により意識的に見守る教職員の目が増え，学級やホームルーム担任の抱え込みなどによる支援の遅れを防ぐ。 |
| リスト化と<br>定期的な情報更新 | 身体面，心理面，対人関係面，学習面，進路面などの領域で気になる児童生徒を全てリスト化し，定期開催される「スクリーニング会議」で確認し，リストの情報をアップデートすること。集中的な関わりが必要と判断された児童生徒は「ケース会議」に付託。 |
| 個別の支援計画 | 「ケース会議」の対象となる援助ニーズの高い児童生徒について，アセスメントに基づくプランニングを行い，具体的な支援策を明示するために作成。 |
| グループ面接 | 特定のテーマで対象者を募集したり，欠席日数，遅刻・早退などのリスク要因の観点から対象者をピックアップしたりするなどして実施。 |
| 関係機関を含めた学校内外のネットワークによる支援 | 各学級に一定数いるリスクの高い状態にある児童生徒に対し，相談できる人的ネットワークや学校以外に安心できる場所を見つけ，確保すること。学校内では「教育相談週間」を設定し，担任以外にも相談ができるようにするなどの取り組みが考えられる。相談室や保健室などを居場所として取組む学校もある。学校外では放課後等デイサービスや公民館，民間団体などがある。スクールソーシャルワーカーと連携して，地域の社会資源を活用するためのネットワーク構築も重要。 |

メント，ピア・サポートについて概説します。構成的グループ・エンカウンターについては第 8 章をご覧下さい。

| 場面1　登校時，下校時 | 場面2　朝や帰りの会 |
|---|---|
| ・登下校を渋る<br>・遅刻や早退が増加する<br>・挨拶に元気がない<br>・友達と一緒に登下校したがらない | ・体調不良をよく訴える<br>・朝夕の健康観察に変化がある<br>・朝から眠いと訴える<br>・表情や目つきがいつもと違う |

| 場面3　授業場面 | 場面4　休み時間 |
|---|---|
| ・学習に取り組む意欲がない<br>・学習用具の忘れ物が多い<br>・教師の話が聞けない<br>・ぼんやりしている<br>・友達と関わる場面でも参加しない | ・友達と遊びたがらない<br>・一人で過ごすことを好む<br>・外で遊ぶことを嫌がるようになる<br>・保健室に行きたがる<br>・他学年の子供とばかり遊ぶ |

| 場面5　給食（昼食）時 | 場面6　学校行事 |
|---|---|
| ・食べる量が極端に減る<br>・食べる量が極端に増える<br>・食欲がないと訴える<br>・友達との会話が減る | ・参加を拒む<br>・参加への不安を訴える<br>・行事が近づくと体調不良になる<br>・行事への欠席が多い |

| 場面7　部活動 | 場面8　その他 |
|---|---|
| ・休みがちになる<br>・練習等への意欲が乏しい<br>・友達と関わろうとしない | ・保健室への来室が増える<br>・今までできていたことができなくなる<br>・用事もないのに職員室に来る |

**図 10-1　場面別の観察ポイント**（文部科学省，2014 より一部改変して掲載）

## 1. ソーシャル・スキル・トレーニング

　ソーシャル・スキル（social skill）とは，「対人関係を円滑に運ぶための知識とそれに裏打ちされた具体的な技術やコツのこと」（相川・佐藤，2006，p.8）です。スキルの種類は多くあります。たとえば，安達（2013）は9つの心理学関係の学術誌約30年分をまとめ，ソーシャル・スキル教育の実践論文において対象となったスキルなどを提示しています。これをみると「挨拶する」という基本的なことから，「行動をコントロールする」や「協力を求める」など内容の幅

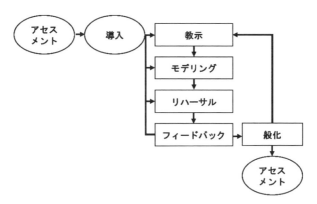

図10-2 ソーシャル・スキル・トレーニングの標準的な方法
（内田，2019が相川，2009をもとに作成したものを改変して掲載）

広さがうかがえます。

　次に具体的な方法について，相川（2009）が示すソーシャル・スキル・トレーニング（social skills training：SST）の標準的な方法をもとに，図10-2に沿いながら教育場面にあてはめてみてみましょう（以下 内田，2019より）。まず「導入」では教育内容を児童生徒に説明します。この時，相川（2009）は参加者の動機を高めることが大切で「練習次第で変容可能なものであるという点」を伝えることが重要であるとしています。「教示」では，児童生徒に獲得させたい具体的なスキルが欠如することでどのような問題が起きるのかを説明します。「モデリング」では，トレーニングしようとするスキルの手本を示し，観察や模倣をさせます。「リハーサル」では，ロールプレイなどを用いて練習をさせます。「フィードバック」では児童生徒が実行した反応に対して，適切である場合には誉め，不適切である場合には正しい方法を教えるなどのアプローチを行います。最後に「般化」では，トレーニングしたスキルが実生活のなかでも実施されるように促します。そのほか，教育前後には図ではアセスメントにあたる教育評価が実施できれば客観的な評価指標も得られるでしょう。

## 2. ストレス・マネジメント

　ストレス・マネジメント（stress management）とは，ストレスとうまくつき

あっていくための考え方（認知）とそのための行動習慣（スキル）の変容を，心理学の知識と技術をもちいて実現する介入法のことです（山田・高元, 2006）。この手法はラザルスとフォルクマン（Lazarus R. S., & Folkman, S.）の心理学的ストレスモデル（第2章第1節参照）をベースに，自分が抱えるストレスやその時の

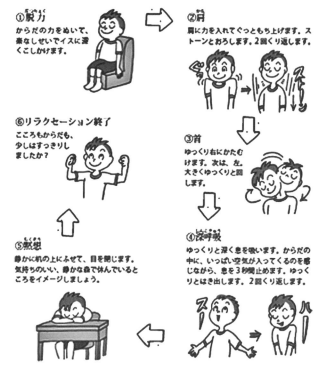

図 10-3　小学校におけるリラクセーション方法の一例（山崎ら, 2007）

心身の反応を認識し，最終的に対処する方法について考え，習得し，実践につなげていきます。ストレスマネジメントの授業概要例については第12章，第3節に具体例が示されていますのでご覧ください。

　なお，子どもたちに対処方法を習得させる場合，たとえば普段自分が行っている方法を，グループやクラス全体で共有し，メリットやデメリットを話しあわせるなかで自分がもつ対処方法の種類を増やすなどの方法があります。また，リラクセーションをクラス全体で練習させるなどの方法もあります（図10-3）。

### 3. ピア・サポート

　ピア（Peer）とは"仲間・同輩・対等者"，サポート（support）は"助け合い・支え合い"の意味をもちます（松井・稲垣，2009）。ピア・サポートの手法にはさまざまなものがあります（表10-2）。いずれの場合も，子どもたち同士に任せるのではなく，支援する側は，教師などが見守るあるいは教師などからなんらの訓練を受けた後に支援を行います。

　同年代の子どもであれば相談できることや，同輩と一緒に学ぶことで，より理解が深まるなどが利点としてあげられます。しかし，この方法を導入する場合，子ども同士でのアプローチが主となるため，おとな側から支援する側への十分な訓練や支援を行うことが大切です。

 ## 第4節　発達支持的教育相談と課題予防的教育相談

　ここからは問題を未然に防ぐアプローチとして予防教育プログラムの一例を紹介し，現場での様子やプログラム構築の注意点についてふれたいと思います。

### 1. 具体的なプログラムの一例と概要

　トップ・セルフとは，「いのちと友情」の学校予防教育（TOP SELF: Trial Of Prevention School Education for Life and Friendship）の英語略称で，「最高の自分」という意味ももつ教育プログラム名です。教育は大きく，ベース総合教育とオプショナル教育の2つから構成されます（鳴門教育大学予防教育科学センター，2013）。

**表 10-2　ピア・サポートの方法例と効果的に訓練できる年齢群**

（コウイー＆ウォレイス，2000（松田・日下部，2009監訳）をもとに，あらたにまとめ直したものを掲載）

| ピア・サポートの方法 | 概　要 | 最も効果的に訓練できる年齢群 |
|---|---|---|
| 協力的グループ・ワーク | 教師が展開させる形でのグループ・ワークを行う。 | 7 〜 9 歳以降 |
| サークル・タイム | 子どもと教師が輪になって座り，20 〜 30 分ぐらいの長さで興味関心のあるテーマや問題などについて話し合う。 | 7 〜 9 歳以降 |
| ○　力になること | 孤立しているあるいは友達作りが苦手などの子どもにピア・パートナーが話し相手になるなどの支援を行う。 | 7 〜 9 歳以降 |
| ○　対立の解決・仲介 | 仲間内での人間関係のトラブルを，訓練されたピア・メディエーターが仲介し，解決を促す。 | 9 〜 11 歳以降 |
| ●　ペアの仲間による教え合い | 1 人がチューター，もう 1 人が学習者の役割分担をして行う。 | 9 〜 11 歳以降 |
| ○　カウンセリングにもとづく介入 | 「力になること」や「仲介」の方法を，よりカウンセリング・モデルに基づいた形で行う。訓練は資格を持つカウンセラーなどの専門家によって行われる。 | 11 歳〜 18 歳以降 |
| ●　仲間間での教育 | 仲間間で教える者は，正確で事実に基づいた，批判的ではない，最新の資源が提供できるように訓練される。 | 11 歳〜 18 歳以降 |

○情動面でのサポートを強調するもの，●教育や情報提供を強調するもの
※紙面上，一部の方法や詳細を割愛している。詳しくは原典を参照。

前者は健康や適応を総合的に予防する教育で，発達支持的教育相談と同種の視点をもちます。後者はいじめや不登校，生活習慣病やうつ病など，特定の問題に焦点を当てた課題予防的教育相談（課題未然防止教育）の視点をもつ教育です。

## 2.　スキルを定着させるためのあらたな試み

　トップ・セルフは授業進行の型に沿って進められます（表 10-3）。特殊なようにみえますが，指導案を書く時の形式にあてはめると，①〜③までが導入，④〜⑤が展開，⑥〜⑨がまとめとなります。このような型を設定している理由は，授業内で子どもたちのポジティブな**感情**を高め，子どもたちが熱中する授業を

**表 10-3　トップ・セルフにおける授業進行の型**

① 授業時の注意
② 本授業の目標
③ 導入アニメストーリー
④ 活動助走
⑤ 活動クライマックス
⑥ シェアリング（＋インセンティブ質問）
⑦ 終結ストーリー
⑧ 授業プロセス確認
⑨ 授業で学んだことの意義

行うためです。ちなみに，心身の健康や適応面などを学習する場合，知識面の教授のみでは不十分である可能性があります。これは喫煙予防教育にも関わることですが，たばこの害についての知識の有無にかかわらず，喫煙者の喫煙開始時期に変化はないことが確認されています（高橋ら，1990）。つまり，学んだことを普段の生活場面で活用できるようにするためには，知識だけの教育では難しい可能性があります。そこで最新のプログラムではアニメーションやゲームなども取り入れながら授業を構成することで，感情面にも働きかけ，学んだスキルを定着化する試みをしています。

　ただ，アニメーションなどは紙面での紹介は難しいため，以下より教材の一部を紹介したいと思います。

## 3. 予防教育プログラムの一例

　今回は，ベース総合教育のうち，感情の理解と対処の育成プログラム，6年生向けの授業教材を紹介します。教育目標は「他者の感情には種類があり，それぞれ意味があることを理解できる」です。はじめに，児童に自分のまわりの友だちや，お家の人などの相手と接している時や，相手から受ける感情を思い浮かべてもらい，気づいたきもちを付箋に書いてもらいます。より子どもたちが想像を膨らますことができるよう，あえて思い浮かべる相手や人数に制約は設けないようにします。そして，図10-4のようにさまざまな感情をリスト化した表を用意し，そのなかで一番近い感情の横に付箋を貼ってもらいます。提示する感情は，活性正感情，活性負感情，不活性負感情，不活性正感情の4領域からほぼ同数提示しています（図10-4）。ちなみに，自分の正感情が高い時は，相手の正感情に気づきやすくなると考えられます。つまり付箋が貼られた数の多い感情は，そのクラスの状態を表している可能性が高くなります。

　次に，その4領域から1つずつ，計4つの感情をピックアップし，グループ

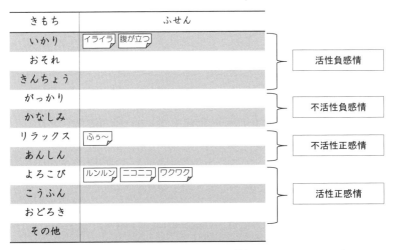

図10-4　感情の種類をラベリングする際の教材例（感情ラベリングシート）

ごとにシート（図10-5）を用いて感情を分類し，数字のなかにあてはめます。次に，自分たち以外のグループを概観させ，児童たちが質問をしたいグループや質問内容を決めます。そして，ゲーム形式で質問するグループを決定し，質疑応答を重ねます。なお，ゲームは発言のきっかけづくりを目的に導入されているため，普段発言ができない児童の参加を促すことができます。また，6年生は最高学年で授業へ全員参加させることが難しい印象をもたれがちですが，この種の授業はいわゆる「こたえ」がなく，かつグループ単位で活動を行うため，参加がより容易なものとなっています。その他，学校現

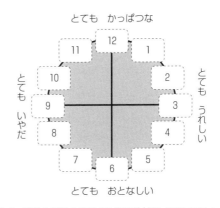

図10-5　感情の種類を思考する際の教材例（円環モデルシート）

第10章　課題予防的・発達支持的教育相談　｜　147

場でよく実践されているプログラムとしては，「本当の自己肯定感の育成プログラム（自律的セルフ・エスティームの育成プログラム）」などがあります。

##  実践に向かって──問題を未然に防ぐ視点を学校教育へ

### 1. 発達支持的教育相談から課題予防的教育相談につなげる

　発達支持的教育相談，課題予防的教育相談，それぞれに重要です。そして両者を結びつけるアプローチとしては，発達支持的なアプローチを行いながら，課題予防的なアプローチが必要な児童生徒の発見を行うことでしょう。これは，筆者がある小学校で先ほどの6年生用の予防教育を実施した時の出来事です。ディスカッションのなかで，Aさんが現在や過去の自分の体験をもとに，感情について解説する場面がありました。そのなかには，Aさんが抱える複雑な問題も含まれており，担任の先生が知らない問題もみられました。しかし，その発言はあくまで授業での発言の1つとして受け止められたため，クラスのなかでそこまで重くとらえられることもなく，他の子どもたちの共感を得る場面もみられました。Aさんも自分の問題を客観的にとらえる練習となったため，後の感想文においても肯定的な意見がみられ，予防的な援助にもつなげることができました。もちろん，教科教育においてもこのような気づきはありますが，この種の教育から導き出されるものは，実は多いのではないかと思います。また，養護教諭やスクールカウンセラーなどにティーチングアシスタントとして参加してもらうことは，その後の学校全体での支援体制を高めることにもつながるでしょう。

### 2. 子ども同士の交互作用を大切に

　次に，この種の授業を実施する場合，子どもたち同士の**グループ学習**を重視した活動を取り入れることが大切です。ピア・サポートの手法にも通じる考えですが，教師が教授する場合は，どうしても教師からのコントロール力が働いてしまうため，とかく一方向の授業になりがちです。また，自分の悩みやその対応方法などは，とくに低学年では自分で導出することがなかなか難しくなり

ます。しかし，子どもたち同士になるとお互いにコントロール力がなくなり，さまざまな観点から意見が出ます。また，低学年ではとくに言葉にはできないきもちや考えも，子どもたち同士の言葉の交流によって私たちと共有できる形で具現化する場面もしばしばみられます。教師そして児童生徒同士，それぞれからの適切なアプローチが重要となるでしょう。

## 3. 未来を見据えて

　子どもたちを取り巻く環境はさまざまです。家庭や地域のサポートが得られやすい子どももいれば，難しい場合も少なくないと思います。学校教育はそのようなすべての子どもたちに援助できる数少ない場の１つです。また，子どもたちは小学校であれば６年間，中学校であれば３年間，幼稚園や高等学校などもあわせるとかなり多くの時間を学校で過ごします。当たり前であるこの事実は，学校が子どもたちの発達過程においていかに重要な位置づけにあるのか，そして，さまざまな援助ができる場であるのかを再認させるのではないでしょうか。

（内田　香奈子）

---

### 演 習 問 題

　(1) 子どもたちの心身の健康や適応を促進し，たとえ将来的に問題がおこっても，みずから解決できる力を養うことを目的とした教育相談の名称を答えましょう。
　(2) イライラしている子どもへのアプローチ方法として，具体的な援助方法を考えましょう。

---

### 【引用文献】

相川充（2009）．新版　人づきあいの技術──ソーシャルスキルの心理学　サイエンス社

相川充・佐藤正二（編）（2006）．実践！ソーシャルスキル教育　中学校──対人関係能力を育てる授業の最前線　図書文化社

安達知郎（2013）．子どもを対象としたソーシャルスキル尺度の日本における現状と課題──ソー

シャルスキル教育への適用という観点から　教育心理学研究　**61**(1)，79-94.

Cowie, H., & Wallace, P. (2000). Peer support in action: From bystanding to standing by London: SAGE Publications.（コウイー，H. & ウォレイス，P.　松田文子・日下部典子（監訳）(2009). ピア・サポート——傍観者から参加者へ　大学教育出版）

松井理納・稲垣応顯（2009）．集団を育むピア・サポート——教育カウンセリングからの提案　文化書房博文社

文部科学省（2014）．学校における子供の心のケア—サインを見逃さないために—　https://www.mext.go.jp/a_menu/kenko/hoken/__icsFiles/afieldfile/2014/05/23/1347830_01.pdf

文部科学省（2022）．生徒指導提要　https://www.mext.go.jp/content/20230220-mxt_jidou01-000024699-201-1.pdf

鳴門教育大学　予防教育科学センター（編）(2013)．予防教育科学に基づく「新しい学校予防教育」Second Edition. 鳴門教育大学（非売品）

高橋浩之・川畑徹朗・西岡伸紀・岡島佳樹・渡辺正樹（1990）．青少年の喫煙行動規定要因に関する追跡調査　日本公衆衛生雑誌，**37**(4)，263-271.

田中輝美・杉江征・勝倉孝治（2003）．教師用ストレッサー尺度の開発　筑波大学心理学研究，**25**，141-148.

内田香奈子（2019）．ソーシャルスキル教育から，コミュニケーション能力の育成を考える　徳島教育，**1185**，6-9.

山田冨美雄・高元伊智郎（2006）．ストレスマネジメント教育に求められるモノと理論・技法　学校保健研究，**48**，90-98.

山崎勝之・倉掛正弘・内田香奈子・勝間理沙（2007）．うつ病予防教育——小学校から始めるメンタルヘルス・プログラム　東山書房

# 11 学校内外の連携

保護者とのかかわり，教員同士の関係，関係機関との協力

> 本章では，保護者へのカウンセリングと対応上の連携，学校内の関係者（教育相談担当（教育相談コーディネーター），養護教諭，スクールカウンセラーなど）との連携，学校外の関係機関（各種相談機関，適応指導教室など）との連携とその実際について解説し，よりよい学校内外の連携を目指すために必要なことを学びます。

## 第1節 保護者との連携とその実際

教育相談をより充実したものにするためには，保護者との連携が欠かせません。第1節では，保護者との連携のあり方について，保護者への「直接支援」（子どもに関する事で悩んでいる保護者自身をサポートする）と「間接支援」（児童生徒を支援するために保護者に対して助言や情報提供を行う）について説明し，最後に保護者との連携時に役立つヒントを紹介します。

### 1．保護者への直接支援

保護者への直接支援とは，文字通り，子どもに関する悩みを抱えている保護者自身をサポートする方法です。保護者への直接支援には，保護者個別面接と親子並行面接があります。それぞれについてみていきましょう。

#### （1）保護者個別面接

保護者個別面接とは，保護者自身を援助する目的で個別に行う面接を意味しています。保護者個別面接を行う際のポイントは，**事前準備・面接時・事後対応**に分けてとらえることができます。

事前準備では，教育相談担当（教育相談コーディネーター）を中心として，学内で「だれ」が・「どのような立場」で保護者個別面談を行うのかについて話しあっておき，一人で抱え込まず**学校内チーム**で取り組めるようにしておきましょう。また，学校関係者と保護者とのより良い連携を生み出すためには，保護

151

者が過度に緊張しないような面接場面作りにも配慮しておくことが大切です。教育相談室を利用することに抵抗を感じている保護者に対しては，校長室や保健室，他の児童生徒に会わずに利用できる空き教室などを活用するだけでなく，家庭訪問を行うといった柔軟な対応が求められます。

　面接時には，次の3つに配慮しておくとよいでしょう。

　①保護者との**信頼関係**を形成する：教育相談のために個別面接を受けるということは，保護者にとっては不安や緊張を生じさせる出来事である場合が多いでしょう。面接の開始時にはいきなり本題に入るのではなく，天候の話や学校行事の話にふれたり，「今日は，お母さん（お父さん）と一緒に〇〇さんの今後について考えたいと思いまして，学校までお越しいただきました」というような"一緒に考えていく姿勢"を示すなど，保護者の緊張感をほぐすような言葉かけや態度を心がけてください。多くの保護者は，わが子についての心配ごとや困っていると感じていることを率直に語れる場を求めています。教育相談担当教員は，保護者が「はじめは緊張したけど，学校に来て相談してほっとした」「時間をつくって個別面接に来てよかった」と思えるような**聴き方**を実践できるように心がけてください。

　②保護者の**真の相談内容**を把握する：直接会うことによって，今までは話題にならなかったことが語られる場合もあります。保護者が真に相談したいと考えていることをしっかりと把握し，保護者との個別面接の場で検討すべきテーマや目標を明確にしましょう。また，子どもの問題ではなく，保護者個人の問題（保護者自身の心身の不調，夫婦関係，経済的な問題など）について相談されることもないとはいえません。教育相談の主体は児童生徒ですから，保護者主体の問題であると考えられる場合には，必要に応じて他の専門機関の利用をうながしてみてください。

　③今後の**相談方法についての希望**を確認する：時間的な問題により個別面接を定期的に行うことが難しい場合もあります。早い段階で今後の相談方法について話しあっておけるように，いくつか選択肢（たとえば，月に1回個別面接を行い，その他の時は必要に応じて電話相談をするなどの具体案）を準備しておきましょう。

　事後対応としては，**継続的な配慮**を怠らないということが重要になります。

152　第Ⅲ部　教育相談の方法と実際

当該児童生徒の問題が軽減もしくは解決したことにより，保護者との個別面接が終了となった場合も，「これで問題は解決！ああよかった」ではなく，また別の形で問題が表出していないか，もしくは問題が目に見えにくい状態になっていないかなどに気を配りながら，連絡帳の活用や電話による連絡，家庭訪問時や進路面談時など活用し，フォローしていけるとよいでしょう。

### （2）親子並行面接

　親子並行面接とは，保護者に対する個別面接を行うと同時に，児童生徒に対しても並行して別の担当者が個別面接を実践することを意味しています。たとえば，児童生徒の面接は教育相談担当教員が行い，保護者の面接はスクールカウンセラーが担当するといった役割分担をして問題解決を目指す方法です。ただし，相談体制の事情などにより同一の担当者が親面接，子ども面接を行うこともあります。親子別の担当者によって親子並行面接を行う際には，それぞれの面接担当者同士が勝手に面接場面で語られたことを話しあったりするのではなく，相談者（保護者と児童生徒）の意向を尊重した上で，必要な情報を共有することになります。親子間とはいえ守秘義務を遵守することを説明し，了解を得た上で親子並行面接へとつなげることが重要です。親子並行面接を行うことにより，親側の認識と子ども側の認識のズレや一致が明らかになりますので，同じ出来事を多角的に把握でき，問題への対応の糸口が発見しやすくなるでしょう。


## 2．保護者を介した対象児童生徒への間接的支援

　保護者を介した対象児童生徒への間接的支援とは，児童生徒を支援するために保護者に対して助言や情報提供を行う支援のことです。保護者が直接的支援を必要としていない場合（家族メンバーや親の会で十分支えられている場合など）には間接的支援のみを行いますが，多くの場合，直接的支援と同時に行われています。間接的支援を行う場合，保護者と教育相談担当教員は１つのチームとして連携し，対象児童生徒への支援方法や対応について検討します。保護者を介した児童生徒への間接的支援を実践する際のポイントは次の３点です。

### （1）役割分担

　児童生徒が話をしやすい相手や聞く耳をもちやすい相手を見定め，教育相談

担当教員と保護者との間で教育的かかわりをする役割・支持的かかわりをする役割など，役割分担をしておくと問題解決に至りやすくなることがあります。たとえば，教育相談担当者が「学校では○○先生が聴き役を，□□先生が指導的役割を担当します。ご家庭では，◎◎さんが聴き役を，△△さんが指導的役割を担当してみてください」などの役割分担を提案し，それぞれが役割を意識しながら生活し，次の相談時までに何か変化が生じているかどうか，その変化が望ましい変化であれば今の方法を続け，あまり望ましくない方法であれば役割分担を変更するなど具体案を出してみるとよいでしょう。

### (2) 一貫性と柔軟性

「家ではOKなのに，学校では怒られた」「家ではダメって言われたけど，学校では許されている」といったように，家庭と学校での対応が異なると児童生徒の不満や混乱はより一層深まります。保護者との連携を保つことにより対象児童生徒への対応が一貫したものとなるように心がけましょう。またその一方で，あまり堅苦しく「決まりは決まりだから！」「ダメなものはダメ！」と児童生徒の要求にまったく聴く耳をもたないことも望ましい対応とはいえません。無理な要求の陰に心の叫びや問題解決のヒントが潜んでいることもあります。"なぜ，無理を言うのか"を一緒に考えるといった姿勢をもち，一貫性と柔軟性のバランスを心がけましょう。

### (3) 情報共有

保護者と教育相談担当教員がともに問題解決を目指していく1つのチームとして機能するためには，**集団的守秘義務**（集団守秘）という意識をもって連携していくことが求められます。集団守秘とは，対象児童生徒の利益を第一に考え，個人の尊厳を脅かすことがない範囲で情報を共有することです。とくに，**自傷他害**（自傷行為，暴力行動など）の恐れがある場合には，事前に児童生徒本人にも，教育相談担当教員と保護者が必要な情報を共有することがあると伝えておく必要があります。たとえば，「学校には，あなたの安全を守る義務とみんなの安全を守る義務があるので，あなたの様子について保護者の方と相談することがあります。あなたがお父さんやお母さんには言わないで欲しいと言っていたとしても，あなたが自分を傷つけようとしたり，他の人やものを傷つけた

154 第Ⅲ部 教育相談の方法と実際

りする場合には保護者の方にお伝えすることがあります」など，児童生徒の理解度に合わせてわかりやすく説明した上で保護者と情報を共有するといった配慮があるとよいでしょう。このような配慮は，児童生徒からの信頼感を損なうことなく教育相談を進めていくために重要な役割を果たします。

## 3. 保護者との連携に役立つヒント

### (1) 保護者へのリソース（資源）活用の提案

リソースには**内的リソース**と**外的リソース**の２つが存在するといわれています（黒沢, 2002）。内的リソースとは，対象児童生徒自身がもつ資源・資質・能力を意味しています。また，保護者自身の内的リソース（資源・資質・能力）としてとらえることもできるでしょう。問題が生じた時ほどリソースを見つけることができるチャンスだと考え，児童生徒自身が"すでにもっている力"や"良さ"に注目し，今できていることのなかから今後できそうなことを保護者とともに考えてみましょう。

外的リソースとは，外部資源を指しています。外的リソースについては，学外の医療機関・教育相談機関・児童相談所などの情報を**外的リソース・マップ**として一覧にし，教育相談担当教員間で情報共有しておくことと，年に一度程度の情報改訂作業をしておくと，保護者からの問い合わせに応じやすくなります。また，普段から，学外の専門家の方たちと交流があると外的リソースを活用しやすくなりますので，学内講演会や研修会の講師として学外専門家の方をお招きするなど，日頃の連携を充実させておくことも大切です。

### (2) 学級だより・相談室だより等の活用

直接支援を行う場合にも間接支援を行う場合にも，利用する側が利用できる場所や方法を普段から知っておくことが肝心です。保護者が教育相談を利用したいと思った時に利用しやすいように，学級だよりや相談室だよりなどで教育相談の窓口や利用方法について定期的に情報発信をしておくことをおすすめします。相談室だよりは，多くの場合スクールカウンセラーが作成しています。教育相談担当教員はスクールカウンセラーと連携し，日常的な心理教育活動の一環として，心理学のエッセンスを含んだ記事や絵・写真を載せるなどの工夫

を凝らした相談室だよりを作ってみるとよいでしょう。

##  第2節　学校内の関係者との連携とその実際

　第2節では，教育相談担当教員が学校内の関係者との連携をスムースにするために役立つヒントを紹介していきます。

### 1. 学校内教員との関わり方

　学校における教育相談の充実について，文部科学省（2023）は，「学校における指導・運営体制の充実化」のなかで，事務職員に加え，スクールカウンセラー，スクールソーシャルワーカー，特別支援教育を支援する外部専門家等の専門スタッフや，部活動指導員，スクール・サポート・スタッフやその他の外部人材について，役割分担を明確にした上で参画を進め，専門スタッフ等が学校に対して理解を深め，必要な資質・能力に備えることができるような研修等を実施するとともに，人員が確保できるよう所管の学校に対して必要な支援を行うことを求めています。教育相談体制が組織的に機能できるようにするためには，管理職，担任教員，教育相談担当教員を中心とした学内連携の充実化が重要な役割を担っています。

　多くの場合，児童生徒の問題解決にもっとも悩み，多くの時間を費やしているのは担任教員であり，児童生徒の日常的な様子を把握しているのも担任教員であると考えられます。教育相談担当教員は担任教員と綿密な連携をもちながら，保護者や学校内関係者，学校外関係者と連携していくように心がけましょう。また，担任教員以外の教員が保護者や学校外関係機関と連携をもつ場合には，事前に担任の了解を得てから行う等，担任教員への配慮を怠らないようにしましょう。

　学内で児童生徒が相談に行きやすい場所として，保健室があげられます。児童生徒が養護教諭を相談相手として選ぶ理由としては，身体の悩みについて相談できるという点と，成績評価を行わない立場の先生であることから他の先生には言いにくいことも話しやすいという点があげられます。また，辛い・悲し

い・苦しいということをことばで表現できず，頭が痛い・お腹が痛い・だるいといった身体の症状で表すことにより，頻繁に保健室を利用する児童生徒もいます。そのような児童生徒に対しては，侵入的にならない範囲で，「何かあったら話を聴くよ」という声かけをするおとなの存在が不可欠です。教育相談担当教員は，養護教諭と定期的に情報交換をしながら，児童生徒の様子をできるだけきめ細やかにとらえ，問題の早期発見・早期介入に努めてください。

管理職は学校全体の動きを把握し，リーダーシップを発揮する立場にあります。教育相談担当教員は，学内での教育相談内容に関する情報を管理職に報告・連絡し，相談しながら進めていくことになります。特に，保護者との連携や学校外関係機関との連携などが，いつ・どのように行われているのかについては管理職と連携を取りながら進めていくようにしてください。

## 2. 学校内相談専門職との関わり方

教育相談業務は，スクールカウンセラー（心の問題の専門家として小・中・高校で，児童生徒や保護者の悩みを聞き，教員をサポートする）やスクールソーシャルワーカー，**巡回相談員**，**特別支援教育支援員**といった相談専門職と連携して行われています。各専門職が導入された歴史的経緯を理解し，お互いの専門性を尊重した関わり方ができるとよいでしょう。

学校内相談専門職と教育相談担当教員が**コラボレーション**（協働）して児童生徒への問題に取り組むと同時に，学校内専門職が**コンサルタント**（みずからの専門性に基づいて他の専門家を援助する者），教育相談担当教員や担任教員が**コンサルティ**（援助を受ける者）となり，**コンサルテーション**（異なる専門性をもつ複数の者が援助対象である問題状況について検討し，よりよい援助のあり方について話しあうプロセス）を行うこともあります。学校内相談専門職の導入背景と主な活動内容は表11-1に示した通りです。連携時の参考にしてください。

## 3. 教員同士の関係性構築

教員同士の関係性を構築するためのポイントとして，（1）信頼関係の形成，（2）情報の共有，（3）連携と役割分担をあげることができます。以下に詳しく

第11章　学校内外の連携　157

**表 11-1　学校内相談専門職の導入背景と活動内容**（文部科学省，2007 より作成）

| 名称 | 導入背景 | 活動内容 |
|---|---|---|
| スクールカウンセラー<br>School Counselor<br>（略称 SC） | ・児童生徒が示す問題行動の多様化と深刻化への国の施策として平成 7 年から「スクールカウンセラー活用調査研究委託」事業が開始。平成 13 年から本格的な国の補助事業へ。平成 7 年度から調査研究を実施。<br>・平成 18 年度には全国で約 1 万校に配置・派遣されるに至っているが，都道府県市により活用の状況はさまざま。非常勤職員で，8 割以上が臨床心理士。<br>・相談体制は 1 校あたり平均週 1 回，4 〜 8 時間。 | ①児童生徒に対する相談・助言<br>②保護者や教員に対する相談（カウンセリング，コンサルテーション）<br>③校内会議等への参加<br>④教員や児童生徒への研修や講話<br>⑤相談者への心理的な見立てや対応<br>⑥ストレス・チェックやストレス・マネジメント等の予防的対応<br>⑦事件・事故等の緊急対応における被害児童生徒の心のケア |
| 特別支援教育支援員 | ・平成 19 年度から学校教育法に位置づけられた特別支援教育に基づき，小・中学校において障害のある児童生徒に対し，食事，排泄，教室の移動補助等学校における日常生活動作の介助を行ったり，発達障害の児童生徒に対し学習活動上のサポートを行ったりする「特別支援教育支援員」の活用が，障害に応じた適切な教育を実施する上で一層重要となってきたため。 | ①基本的生活習慣確立のための日常生活上の介助<br>②発達障害の児童生徒に対する学習支援<br>③学習活動，教室間移動等における介助<br>④児童生徒の健康・安全確保関係<br>⑤運動会（体育大会），学習発表会，修学旅行等の学校行事における介助<br>⑥周囲の児童生徒の障害理解促進 |
| 巡回相談員 | ・児童生徒一人ひとりのニーズを把握し，児童生徒が必要とする支援の内容と方法を明らかにするために，担任，特別支援教育コーディネーター，保護者など児童生徒の支援を実施する者の相談を受け，助言することが巡回相談の目的。 | ①支援の実施と評価についても学校に協力<br>②対象となる児童生徒や学校のニーズの把握と指導内容・方法に関する助言<br>③校内における支援体制づくりへの助言<br>④個別の指導計画の作成への協力<br>⑤専門家チームと学校の間をつなぐこと<br>⑥校内での実態把握の実施への助言<br>⑦授業場面の観察等 |
| スクールソーシャルワーカー<br>School Social Worker<br>（略称 SSW） | ・不登校や学校内外での暴力行為，いじめなどの児童・生徒を取り巻く問題が年々増え続けている実態をふまえ，平成 20 年度より文部科学省がスクールソーシャルワーカー事業を実施。<br>・教育分野に関する知識に加えて，社会福祉等の専門的な知識や技術を活かし，多様な支援方法を用いて，課題解決への対応を図る。 | ①問題を抱える児童生徒が置かれた環境への働きかけ<br>②関係機関等とのネットワークの構築，連携・調整<br>③学校内におけるチーム体制の構築，支援<br>④保護者，教職員等に対する支援・相談・情報提供<br>⑤教職員等への研修活動 |

説明します。

## (1) 信頼関係の形成

児童生徒への支援を行うためには，教員自身が学校内で同僚から支えられている感覚をもてることも大切です。教育相談担当教員が中心となって，教員向けの**アサーション・トレーニング**（適切な自己主張トレーニング）研修会の開催やコミュニケーション力アップを目指したワークショップを行うなど，教員自身の**ソーシャル・スキル**を高め，教員同士の信頼関係の構築を目指してください。

## (2) 情報の共有

児童生徒に関する情報を共有する際には，守秘義務および個人情報保護の意識と，保護者との連携時にも述べた**集団守秘**の意識を高くもって行動する必要があります。共有すべき情報は必要な範囲の関係者間で共有しますが，関係者間で共有された情報について，本来であれば知らないはずの立場になっている場合（当該児童生徒や保護者から直接相談を受けていない場合）には，当該児童生徒や保護者に対して自分勝手なアプローチをしないように心がけましょう。

生じた問題によってはマスコミ対応を迫られる場合もあります。日ごろから，情報共有ルートを明確にしておくと同時に，学外への情報提供を求められた際の窓口を確認しておくとよいでしょう。たとえば，マスコミ取材は副校長や教頭に窓口を一本化しておく等，**危機対応マニュアル**を作成し，いざという時に活用できるように"**見える化**"しておくことが重要です。

## (3) 連携と役割分担

教員同士が連携し，1つのチームとして関わる方法には**ネットワーク型**と**スクラム型**の2つのタイプがあるといわれています（伊藤・平野，2003）。

①ネットワーク型：ネットワーク型のアプローチとは人的ネットワーク（人と人とのつながり）を重視した支援体制を意味しています。教育相談担当教員が，支援ネットワークを作り上げる立場として，教員一人ひとりのもつ専門性や個性が発揮できるように考慮し，全体を**コーディネート**する役割を担うことになります。そのためにも，日頃から同僚の「良い面」や「強み」に目を向けておきましょう。

②スクラム型：スクラム型のアプローチとは学校や社会の枠組みに対する児

童生徒からの**チャレンジ**を保護者も含めた学校に関わるメンバーが一致団結して受け止めるというもの（伊藤・平野，2003）です。たとえば，髪の毛の色を変えてきた生徒を注意して，「なんで髪の色変えちゃいけないの？」と尋ねられた時，保護者と学校がスクラムを組んで「私たちおとなは今のあなたたちの年齢にふさわしい行動だと思わないから」と，守るべき枠組みを明確に示す対応を意味しています。一方で，なぜ髪の毛の色を変えたくなったのかという生徒の気持ちに耳を傾ける立場のおとなも必要です。ネットワーク型とスクラム型をうまく組みあわせて活用してください。

## 第3節　学校外の関係機関との連携とその実際

### 1. 学校外関係機関との連携

　学校外の関係機関としては，さまざま機関があります。それぞれの機関の特徴を理解した上で，その機関の担当者と必要な情報を交換しながら，児童生徒の支援に努めてください。各機関の特徴については表11-2の通りです。

### 2. 学校外専門機関との連携の際に配慮すべきこと

#### （1）紹介時のポイント

　学校外専門機関を紹介する際には，児童生徒や保護者が「学校では面倒みきれなくなったと思われた」「学校から見捨てられた」と誤解しないように配慮しながら紹介先について話をすることが大切です。できれば，保護者や児童生徒側が「どこか専門の機関を紹介してください」や「病院へ行った方がいいでしょうか？」と尋ねてきた場合に学校外専門機関を紹介できるとよいでしょう。保護者や児童生徒側の問題意識が低く，学校側から学校外専門機関を紹介しなくてはならない場合には，保護者と児童生徒との信頼関係ができている教員がその役割を担当し，「○○へ行ってください」ではなく，「○○にも相談してみることがよいと言われていますがいかがでしょうか」といった形で，保護者と児童生徒が主体的に選択できるように心がけましょう。

表 11-2　学校外の教育相談・支援に関わる専門機関

| 機関名 | 活動内容 |
|---|---|
| 教育支援センター（適応指導教室・旧：中間教室） | 不登校児童生徒等に対する指導を行うために教育委員会及び首長部局が，教育センター等学校以外の場所や学校の余裕教室等において，学校生活への復帰を支援するため，児童生徒の在籍校と連携をとりつつ，個別カウンセリング，集団での指導，教科指導等を組織的，計画的に行う組織として設置したものをいう。なお，教育相談室のように単に相談を行うだけの施設は含まない。 |
| 教育総合センター／教育相談所（教育相談室） | いじめや不登校など，教育に関わるさまざまな相談を受ける機関。教育委員会や地方教育事務所が管轄する。心理検査も行っている。 |
| 児童相談所 | 各都道府県に設置されている児童福祉の専門機関。家庭や学校に関する相談に応じ，医学的，心理学的，教育学的，社会学的および精神保健上の調査や判定を行う。また，その調査や判定に基づいた指導を行ったり，児童の一時的な保護を行っている。 |
| 児童養護施設 | 保護者のない児童や虐待されている児童，その他環境上養護を要する児童を入所させ，養護し，退所した者に対する相談やその他の自立のための援助を行う施設。乳児を除く 18 歳に至るまでの子どもが対象であるが，必要に応じて乳児から受け入れることや，20 歳に達するまで措置延長が可能。 |
| 医療機関 | 心と身体の問題に対し，医学的処置を行う。心理検査なども行っている。小児科／児童精神科／心療内科／メンタルクリニックなど。 |
| 福祉関連機関 | 療育やリハビリテーションなどを実施している機関。具体的には，精神保健福祉センター，発達障害者支援センター（発達支援センター）や療育センターなどがあげられる。 |
| 大学機関 | 臨床心理士を養成する大学院に併設されている相談機関。〇〇大学心理臨床センター等の名称で活動している。大学院によって実施内容は多少ことなるが，多くの場合，児童生徒や保護者を対象とした心理相談や心理検査を行っている。 |
| 民生委員児童委員 | 民生委員：厚生労働大臣から委嘱され，それぞれの地域において，常に住民の立場に立って相談に応じ，必要な援助を行い，社会福祉の増進に努める方々であり，「児童委員」を兼ねている。児童委員：地域の子どもたちが元気に安心して暮らせるように，子どもたちを見守り，子育ての不安や妊娠中の心配ごとなどの相談・支援等を行う（厚生労働省，2024）。 |
| その他NPO 団体等 | 上述以外にも，当事者が立ち上げている発達支援機関や療育機関，地域自治体主催のフリースペース・引きこもり支援センターなどさまざまな学外支援団体がある。 |

## （2）フォロー時のポイント

学校外専門機関を紹介したら「これで学校側の役割は終わった」ということにはなりません。専門機関とも必要に応じて連携を取ながら，「〇〇に行ってみて

どうでしたか？」「学校側としてできることはありますか？」など，折に触れて保護者や児童生徒に対し，その後の経過を確認するといったフォローも大切です。フォロー時には，たとえば「病院に相談したことは全部学校にも漏れちゃうの？」といった誤解が生じないように配慮することも重要です。学校側担当者と学校外専門機関の担当者が連絡を取りあう際には，必ず保護者や児童生徒にも「学校として何に気をつけるべきかを担当の方に聞いています」といった形で学校外専門機関と学校が連携を取っていることを伝えておくとよいでしょう。

##  実践に向かって——よりよい学校内外の連携を目指して

### 1. 保護者同士の関係性サポート

　保護者同士の関係性の充実が，児童生徒の問題解決に役立つことも多々あります。学校側が主催し，「**親の会**」を開催している地域も多数存在しています。たとえば，学校の管理職や教育相談担当教員が主体となって「おやじの会」という名称で不登校児童生徒の父親同士が気軽に語りあえる場を地域の集会所を借りて夕方から開催していたり，教育相談担当教員が親同士の交流を提案し，発達障害をもつ子どもの保護者がお互いに都合の良い時間帯に都合の良い場所で語りあう場をもつなど，多様な親の会が存在しています。学校が主催しているもの以外にも，親自身が立ち上げた親の会やフリースクールが主催している親の会などがあります。

　教育相談担当教員がすべての活動を取り仕切るとなると，担当者の負担感が増す場合もありますので，保護者や地域自治体，NPO団体などと連携しながら，保護者が求めている活動を発展・継続していけるとよいでしょう。

　「親の会」を探す際の手がかりとして下記に不登校に関する親の会と発達障害に関する親の会についての情報が豊富に掲載されているHPをご紹介します。

### (1) 不登校に関する親の会

　NPO法人登校拒否・不登校を考える全国ネットワーク（2024）には，全国の親の会に関するHPのURLが紹介されています。また，居場所やフリースクールなどの情報を得ることもできます。不登校経験者たちの声をまとめた「不

登校後の進路」や不登校児童生徒の理解に役立つおすすめ本を紹介するページもあります。

### (2) 発達障害児に関する親の会

　全国LD親の会（2024）には，発達障害児・者をもつ親の会の活動内容が紹介されています。また，発達障害向けの教材・教具の実証研究の成果が紹介されている「発達障害児のためのサポートツール・データベース」も掲載されています。ペアレント・メンター（障害児をもつ保護者が他の保護者をサポートする）という支援事業もあります。利用方法などは各自治体のHPで確認してみるとよいでしょう。

## 2. 校内研修会・講演会の開催

　**危機対応力**を構築するためには，普段からの備えが大切です。定期的に（すくなくとも年に1度）教育相談に関する校内研修会や講演会などを企画し，教員一人ひとりの教育相談に関する意識を高め，教員自身の心身の健康の向上を心がけてください。また，校内研修の場などを活用して，集団守秘の意識を高めておくとよいでしょう。教員間で，児童生徒の利益になることを最大限に考え，"共有すべき情報は必要な範囲の関係者間で共有する"という意識を普段からもっておくことが大切です。もし，自分が知り得た情報が，本来であれば知らないはずの立場になっている場合（当該児童生徒や保護者から直接相談を受けていない場合）には，当該児童生徒や保護者に対して自分勝手なアプローチをしないように心がける等，教育相談活動を行う際に必要な基本的な知識についても確認する場を設けるようにしてください。

　定期的に行うとよい校内研修会の内容としては，**事例検討会**や**実践報告会**があります。事例検討会とは，学校内全体で関わる必要がある児童生徒の気になる行動や問題行動について，主たる担当者が事例報告書をまとめ，報告・相談することにより，当該事例の支援方法が明確になり，問題解決に役立つと同時に，類似した事例への対応力を高める効果があります。実践報告会では，これまで行われている教育相談実践について担当者が報告し，さらに，他校の実践例などを紹介することによって，今後の教育相談活動の充実化を目指すことが

できます。他校の教員や学校外専門機関の担当者などを講師として迎え，実践報告を行ってもらうこともよいでしょう。

### 3. コーディネート力を発揮する

せっかく良い支援組織図が出来上がったとしても，その組織がうまくコーディネートされていないと，連携やチーム援助は機能しません。教育相談担当教員はコーディネーターとしての役割を認識し，普段から「人の話を聴く力」・「他者に依頼する時の話し方」・「組織全体を俯瞰する視点」を磨くように心がけましょう。そのためには，日頃から同僚のリソース探し（良い面や得意な面に目を向ける姿勢）をしておくとよいでしょう。コーディネーターは黒子であり縁の下の力持ち的役割です。表立って評価されることが少ない割に苦労が多い活動かもしれませんが，いざという時に機能する組織は地道な活動によって支えられているものです。謙虚さと素直さを忘れずに，コーディネーターとしての力を発揮してください。

### 4. 長期的視野に基づく支援計画

小１プロブレムや中１ギャップといった名称に現れているように，幼児期から小学校への移行期，小学校から中学校への移行期といった時期にみられる児童生徒の問題行動への注目が集まっている昨今，幼児期・児童期・青年期の発達的特徴を理解すると同時に，個人差についても目を向け，人は一生涯発達を続ける存在であるという「生涯発達」の視点に基づくサポート，たとえば「**ライフスキルトレーニング**」（小貫・東京 YMCA クラス，2009）などが重要視されています。

また，予防的な心理教育の観点から，社会性の発達を支援するソーシャル・エモーショナル・ラーニング（Social Emotional Learning：SEL）を実施することも有効な方法です。SEL は，自己のとらえ方と他者との関わり方を基盤として，社会性（対人関係）に関するスキル，態度，価値観を身につける学習（渡辺・小泉，2022）として導入されることが増えています。

今後はさらに，幼小の連携，小中の連携だけではなく，その先を見据えた長

期的視野に基づく支援計画を立て，環境が変わっても，子ども一人ひとりがもつ特性をよい形で活かし，将来的に自立した生活が可能となるような支援を行っていける社会の構築を目指したいものです。　　　　　　　　**（眞榮城　和美）**

---

### 演 習 問 題

(1)「集団守秘の意識」について理解したことを書いてみよう。

(2) 学校内外の人々と連携を取るために、日頃から心がけておくとよいと思われることについてまとめてみよう。

---

### 【引用文献】

伊藤美奈子・平野直己（編）（2003）．学校臨床心理学・入門　スクールカウンセラーによる実践の知恵　有斐閣

小貫悟・東京 YMCA クラス（2009）．LD・ADHD・高機能自閉症へのライフスキルトレーニング　日本文化科学社

厚生労働省（2024）．民生委員・児童委員について　http://www.mhlw.go.jp/stf/seisakunitsuite/bunya/hukushi_kaigo/seikatsuhogo/minseiiin/index.html

黒沢幸子（2002）．指導援助に役立つスクールカウンセリング・ワークブック　金子書房

文部科学省（2007）．「特別支援教育支援員」を活用するために

NPO 法人　登校拒否・不登校を考える全国ネットワーク（2024）．親の会 https://www.futoko-net.org/zenkoku

渡辺弥生・小泉令三（編著）（2022）．ソーシャル・エモーショナル・ラーニング（SEL）非認知力を育てる教育フレームワーク　福村出版

全国 LD 親の会（2024）．各地の親の会　https://www.jpald.net/link.html#oyanokai

第IV部　教育相談の実習

 # カウンセリングの実践を目指して
体験を通して学ぼう

> 学校教育の現場では，児童生徒や保護者，教職員に対する心理的支援を実践することが求められています。ここでの心理的支援とは，"カウンセリング"にかぎらず，進路指導をはじめ，集団を対象とした心理教育的な支援など多種多様な（その学校教育場面にマッチした）支援を指します。そして，学校教育の現場で求められる支援を実践する際，その基盤として，カウンセリングのスキルを修得することは大きな意義があることです。本章では，こうしたさまざまな支援のなかでも，特に学校教育の現場で求められるカウンセリングのスキルを修得するための方法や，カウンセリングもしくはその範疇に位置づけられる方法を用いた具体的支援法を紹介します。

 ## 第1節　カウンセリングの基礎　

　学校教育場面において教育相談をはじめとした心理的支援に携わろうとする時，カウンセリングの基本的なスキルを修得する必要があります。ここでは，その基礎的なカウンセリングのスキルを学習する方法を紹介します。カウンセリングのスキルは幅広く，ことばで説明ができない経験的・感覚的なものもありますが，本節ではことばで紹介でき，なおかつ体験できる方法を紹介します。また，ここでは，カウンセリングの代名詞ともいえる**ロジャーズ**（Rogers, C.）による**来談者中心療法**の視点から，カウンセリングを説明していきます。来談者中心療法や自己理論について，カウンセリングのスキルを修得する前提として，十分に理解することをおすすめします（第8章を参照のこと）。

### 1. 傾聴する力

　まず，カウンセリングを実践する際のベースになるともいえる「**傾聴**」についてみてみましょう。傾聴の練習は，カウンセリングのスキルを修得するため

の，より一般的なものといえるでしょう。

　「傾聴」とは，簡単に説明すれば，耳を傾けて聴くことです（第8・9章参照）。心理的な不適応や行動的な問題をターゲットとするカウンセリングを学ぶ際には，クライエントや患者（悩みを抱えた他者）のメッセージに耳を傾けるスキルが必要不可欠です。

　ただし，傾聴のスキルを学ぶ時，相槌や頷きの練習だけに終始してしまわないことが大切です。相槌や頷きは，話を聴かれる側（クライエントや患者）にとって意味をもつものである必要があります。仮に，あなたが非常に辛い経験をして，酷い落ち込みの状態にあり，カウンセリングを受けたとします。そこで，カウンセラーが，あなたの一語一句すべてに強く過剰に頷き，すべてに相槌を打つとします。いかがでしょう。そのカウンセラーの雰囲気や声のトーンによりますが，強く過剰に頷き，すべてに相槌を打つという行為が，疲れ切ったあなたをより疲れさせてしまうこともあるのです。

　傾聴する力は，"聴く"練習によって成長する力です。カウンセラー，あるいは他者を支援する立場にある聴き手にとって十分に修得すべき力ですが，そこには話を聴かれる側（他者）が存在しています。カウンセリング・スキルを修得するファーストステップは，他者の存在や状態を十分に理解した上で傾聴する訓練を重ねることともいえるでしょう。

## 2. 傾聴する姿勢

　カウンセリング・スキルを身につける具体的な練習を行う時，決まって「皆さんは他者の話に耳を傾けて聴くことができていますか？」と尋ねます。返答はさまざまですが，「できているような……できていないような……」，「今まで特に意識したことはない」などと答えが返ってきます。

　カウンセリングにかかわらず，どのような場面であっても他者との会話が成り立つためには，他者の発するメッセージを受け止めることが当然必要です。日常生活でも，他者と会話する際，耳を傾けて他者のメッセージを受け止めているはずですが，「カウンセリングのスキルを身につけるぞ！」と意気込むやいなや，普段できているはずの"聴くこと"が姿を変え，非常に難解なものの

第12章　カウンセリングの実践を目指して　167

ように感じてしまうことがあるようです。

　カウンセリングのスキルを修得するファーストステップとして，"聴く"練習を行う時，まずは普段の"聴き方"をセルフチェックすることが大切です。そして，その"聴き方"が他者にどのような印象を与える聴き方なのかを知ることも大切です。あまりに熱中して傾聴するあまり，他者との距離が近くなり過ぎる人もいます。こうした場合は，ともすれば，他者にプレッシャーを与えかねません。反対に，プレッシャーをかけまいと他者との距離が遠すぎてしまい，"聴く"ではなく"聞く"ような印象を与えてしまうこともあります（第8・9章参照）。

　他者との距離のことを**対人距離**と呼びます。ちょうど良い対人距離は，人によって異なります。したがって，傾聴する対象者が"ちょうど良い"と思える対人距離を探し，また，上手に調整する必要もあるのです。対人距離のちょうど良さを知るためには，普段何気なくやっている自分の聴き方を知るとともに，誰かとペアを組み，ロールプレイをはじめとした練習場面で"ちょうど良さ"を意識的に発見する必要があるでしょう。ここでは，普段の"聴き方"を客観的に観察し，他者に与える印象をチェックするとともに，聴かれる側にとっての"ちょうど良さ"を探し，対人距離を調整することが求められます。本節で扱った内容に関する演習問題を章末に載せました（演習問題(1)）。ぜひ体験してください。

### 3. 傾聴する環境

　対人距離を調整することと併せて，座る位置取り，すなわち相談する環境を考えることも大切です。たとえば，対面する位置取りと90°角で座る位置取り（図12-1）でどのような印象の違いを感じ取ることができるでしょうか。これもぜひ誰かとペアを組んで体験してください。

　図12-1の左のように，対面して着席する場合，場合によっては緊張感が生じる可能性があります。一方で，右側のように，90°角で着席する場合，必要に応じて，自然と視線を逸らすことも可能です。

　このように，カウンセリングのスキルを修得しようとする時，環境を注意深

く観察し，物理的な状況をより好ましいものに修正しながら，耳を傾けることが必要です。それでは，なぜ，傾聴することが重要なのでしょうか。理由をひとつに限定することはできませんが，カウ

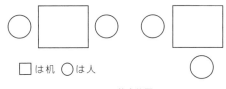

図12-1　着席位置

ンセラーをはじめとした支援者が傾聴をすることで，カウンセリングの対象者が**浄化**（カタルシス）を経験することや，**信頼関係**（ラポール）が形成されること，自身の考えが整理されることなどが理由といえるでしょう（第1・8・9章を参照のこと）。

## 4. 自分をみつめて自分を知る

　次に，自分自身をみつめて自分を知り，必要な場合にはセルフコントロールすることについて紹介します。誰かの心理的な支援を担う時，支援する人自身が，自分の複雑な想いに翻弄されていない状態にあることが求められます。端的にいえば，"支援者は，自身を理解し，心理的にも安定していることが求められる"ということになります。「支援者にこころの安定が求められる」というと，支援者のこころが健康であり，元気でなくてはならないように聞こえるかもしれませんが，ここでの安定は，うまく整理がついている状態と考えてください。前述の通り，人間であれば，多様で複雑な想いを抱えることが自然な現象ともいえます。したがって，支援者であったとしても，多様で複雑な想いを抱えることはそう問題ではありません。そして，ある時にその想いに直面し，整理するプロセスを体験することは，誰かの多様で複雑な心境を理解し支援する上でも欠かすことはできません。

　支援者が心理的に安定することを目指す時，自分自身ではあまり見たくない，ふれたくない気持ちを客観的に眺め整理することや他者から見える自分を知る練習が功を奏します。そして，自分自身のふるまいなどを客観的に観察するために，他者と協働しワークなど（演習問題(2)など）を行うことも良いでしょう。

第12章　カウンセリングの実践を目指して

# 第2節 教育相談とカウンセリング

　教育相談では，まずは子どもや子どもを取り巻く状況を把握し見守り，それと同時に安心できる，脅かされることがない安全な空間を提供することも重要です。
　本節では，**見守るカウンセリング**の意義と安全な空間について紹介します。

## 1. 治すカウンセリングと見守るカウンセリング

　一般的に，カウンセリングを実施する時，その対象者がもつ主訴や問題，あるいは症状を改善・解決することを目的に，構造的・体系的な面接（支援の道筋をたてた専門的な支援）を遂行することが必要不可欠です。言い換えれば，対象者の本質的な問題にかかわりをもつために，問題の中核にある情報を聞き取り，支援・治療のための仮説を立て（たとえば，その問題をつくる背景を整理し，関与するターゲットを定める），効果的な方法（たとえば，心理療法）を適用することが求められます。

　一方で，とくに学校教育の現場で教育相談を実践する時，**"治すカウンセリング"**というよりも**"見守るカウンセリング"**を行うことや，カウンセリング・マインドを前提とした教育的指導（子どもの立場に立って考え指導を行う。これは決して子どもの言いなりになるわけではなく，子どもの考え方を知り，理解した上で教育的指導を行うことを指す）を行うことが求められます。医療現場におけるカウンセリングでは"治すこと"を重視し傾聴することがターゲットになるかもしれませんが，学校現場では"治すこと"に重点を置きすぎてしまうと，意図せず"原因探り"をしてしまうことがあります（熟練したカウンセラーであれば，自然な流れのなかで，原因探りをしているという印象を与えず，上手に情報を収集することも可能かもしれません）。なお，治すカウンセリングは治療的カウンセリング，見守り，成長を促すカウンセリングは開発的カウンセリングと呼ばれます。

　あからさまな原因探りに終始してしまう面接は，事情聴取といわざるをえません。もちろんカウンセリングのプロセスの一部では，一定の条件のもとに，事情聴取のような聴き方が好ましい場合もあります。たとえば，**構造化面接法**と呼ばれる方法では，対象者の症状などを決まった問いかけ（文言）で聴取す

る必要があります。構造化面接法は決まったやり方を遂行することから，一般的なカウンセリングのプロセスと比較すると，情報を聴取することを主眼においた方法といえます。

　一方，学校教育場面においては，教育相談の担当者が児童生徒の話を聴く（事情を聴く）機会に直面した際，「私はあなたのことを見守っていますよ」というメッセージを言外に発し，カウンセリング・マインド豊かに児童生徒の気持ちに耳を傾けることが欠かせません。まさに見守るカウンセリングが必要になる局面です。そして，とくに教育相談場面では，児童生徒が心理的に安全な環境で，自身の思いの丈を打ち明け，感情を発散し，それを聴き手が十分に傾聴するという相互の関係性が形成される時，ラポールが形成され，見守るカウンセリングが実現できるのです。

　学校という特徴的な場所で，心理的支援を実践しようとする時，児童生徒をはじめとした支援の対象となる人々に“見守っている”というメッセージを発信することが大切です。そのためには，相談者自身が安定し，支援対象者のメッセージを丁寧に受け止める（傾聴する）練習をくり返すことが欠かせません。

## 2. 安全で安心な環境と“わかる”というメッセージ

　安全で安心な環境を意図的につくること，とても抽象的な表現ですが，これは，「他人に言えない，もしくは自分でもまとまりがつかない想いを聴いてもらえた」という感覚が生じる環境です。話の聴き手は，話し手のメッセージを正確にくみ取り，「あなたの想いは十分わかる」というメッセージを返すことが求められます。具体的には，**“オウム返し”**などというやり方をあげることができます。また，**言語的なメッセージ**のみならず，**非言語的なメッセージ**（表情や姿勢，対人距離，声のトーンや話すスピードなど）を返すことでも，安全で安心な環境を築くことができる可能性が広がります。

　ここでは，とくにオウム返しについてみてみましょう。オウム返しとは，他者のメッセージをそのまま返すことを指します。しかしながら，実際のカウンセリングでは，意味内容を変えない別の言葉を返します。たとえば，「私は○○で悩んでいて，△△することができないんです」という悩みがあった場合，

「あなたは，○○で悩んでいて，△△することができないんですね」とそのまま返すのではなく，「あなたが△△できない理由は○○が邪魔してるからなのでしょうね」等と言い換えた方が自然です。

　カウンセリングという専門的な方法を用いた，ある種特殊な空間であっても，そこでコミュニケーションをとるのは人間です。傾聴も安全で安心な環境もオウム返しも，専門的かつ自然な人間関係のなかで，専門的かつ自然に行うことが大前提です。

　以上のように，カウンセリング・スキルを修得する第一歩として傾聴を紹介しました。また，傾聴に付随する効果や傾聴を促進するスキルなどについても簡単に述べましたが，傾聴のスキルを修得するために必要なことは練習です。ぜひ誰かとペアを組みロールプレイを行い，傾聴することと傾聴されることの両方を経験してください。また，練習の過程では，自分自身の聴き方や自分自身の感じ方をより客観的に観察し，修正が必要な点があれば修正することも必要です。一方，自分自身のやり方を観察し理解しようとする時，他者からのアドバイスも理解するための有用な情報となります。これらは，演習問題(1)ならびに演習問題(2)であげたワークを通してその一端を学ぶことができるでしょう。

##  第3節　集団を対象とした心理的支援

　学校において教育相談やスクール・カウンセリングなどの心理的支援を担当する際，1対1の個別支援のみならず，集団を対象とした支援の実践を求められることもあります。たとえば，授業中や放課後にスクールカウンセラーが児童生徒に対して**ストレス・マネジメント**の実習を行うことや，教職員に対して**構成的グループ・エンカウンター**や**ピア・サポート**，カウンセリング・マインドに関する研修を実施することなどは，集団を対象とした心理的支援の例といえます。もちろんこのかぎりではありませんが，心理的支援を担う専門家に対するニーズの幅広さを推し量ることができます。

　そして，こうした場面では，個別のカウンセリングとは異なった心理教育的な要素を兼ね備えた支援を行います。**心理教育**を実施する上で，健康行動を司

る心理モデルは重要な示唆を与えています。健康行動を司る心理モデルの代表例として，**トランス・セオリティカル・モデル**があげられます。このモデルは，意識づけや概念理解を前提とした体験的学習の重要性を示すものですが，学校教育現場における集団対象の心理的支援を効果的に実施する際にも，意識づけから始まる教育過程は重要な意味をもちます。

図 12-2 は，実際に学校教育の現場で実施することを想定して作成された心理教育プログラムの例です。ここでは，プログラムの初期で，十分な**概念学習**（知識学習）を行った後，**体験的学習**を実施します。

集団を対象とした心理教育を実践しようとする際，意識づけや概念学習を十分行う必要があるといえます。したがって，集団を対象とした心理教育を担当するのであれば，担当者自身が，その心理教育で扱う概念を熟知し，わかりやすく教示することができることが求められます。また，何より大切なのは，心理教育が"楽しいもの"であるということです。"楽しいもの"とは，遊びのような楽しさとは異なります。わかりやすい概念学習を経て体験し，体験の結果，多少なりとも良い変化を感じることができる"楽しさ"を実感できると，その心理教育はこの上なく意義深いものとなります。また，ここで重要なのは，心理教育を担当するわれわれも，"楽しさ"を実感することで

> 1．ストレスは何者だ？（知識の提供）
> 
> ここでは，ストレス反応が生じる心理的なメカニズムをわかりやすく紹介し，また，そのメカニズムに合致する事例をいくつか紹介し，受講者の理解を促します。

> 2．身近な例を考えよう（知識の修得）
> 
> ここでは，ストレスが生じる身近な例（自分のストレスフルな体験）を，1で紹介したストレス反応が生じる心理的なメカニズムをふまえて読み解きます。このプロセスを通して，ストレスのメカニズムをより身近にとらえることが可能になります。

> 3．ストレス対処法を知ろう（方法の修得）
> 
> ここでは，ストレスに対処する具体的な方法を学びます。特にストレス反応に伴う身体の硬直に対処するための，筋弛緩法（リラクセーション法）の方法を学びます。

> 4．ストレス対処法を体験しよう（方法の修得）
> 
> ここでは，3で提供した，ストレス反応に伴う身体の硬直に対処するための，筋弛緩法（リラクセーション法）の方法を実際に体験します。また，実際に筋弛緩（リラックス）できているかどうかを確認し，その方法を定着させます。

**図 12-2　心理教育プログラム（ストレス・マネジメント）例**

す。やる・やらされるという関係を脱し，一緒に"楽しむ"関係を築き，充実したひと時を目指すことが優れた心理教育を実践する必須事項です。

##  第4節　実践に向かって──充実した支援を目指して

　近年，カウンセリングのスキルを磨き，学校教育の現場で活かすことが一層求められています。また，教育相談と呼ばれる助言や支援を実践する状況においてもカウンセリングのスキルを十分に反映することは，相談の対象となる児童生徒，保護者，教職員に対し，有効な支援源を提供することにつながります。

　そして，カウンセリングのスキルを修得する際に欠かせないことは，カウンセリングに係る知識を十分に蓄積し経験を重ねることです。たとえば，人間の心理的問題や行動的問題のメカニズムを実証的に示した臨床心理学の理論を十分理解することがなければ，経験的な"自己流"のカウンセリング（専門性の伴わない相談）を実践してしまう危険もあります。一方，実証的に示されているようにみえる理論であっても，現実の人間と照らしあわせた時，必ずしも完全に一致するとはかぎりません。したがって，理論を学ぶだけでは，机上の空論となってしまいます。カウンセリングのスキルを修得する時，知識と経験のどちらか片方ではなく，両方とも欲張りにバランスよく学び身につける必要があります。

　知識の学習は，書籍があればできるかもしれません。一方，経験を積むことは，その機会に恵まれない場合，いく分難しいかもしれません。そこで，ロールプレイなどの練習ができる仲間をつくることをお勧めします。実践で活躍する前に，さまざまな形で練習ができる仲間関係を築くことは，カウンセリングのスキルを修得する上で欠かすことができません。そして，いずれ実践で問題に直面した時やスランプに陥った時，こうした仲間関係を糧に，支援者として一層の成長を期待することもできます。いつか，自分のやり方（相談の受け方や支援の仕方）に悩むことがあっても，同様の専門性をもつ仲間が相談相手となり，自分の方向性を選択する時には，力強い応援団となってくれることでしょう。

　また，とくに学校教育現場で心理的支援を実践する際，学校のしくみを熟知

することも欠かせません。学校のしくみは多くの学校に共通するしくみとその学校にしか存在しないしくみ（暗黙の了解のようなしくみ）にわけることができます。児童生徒も教職員も，学校教育の現場で支援する対象者の多くは，後者のしくみに則り生活していることがあります。教職員以外の大人が学校という文化のなかで良い活動を実現するためには，その文化を良く知り，できうるかぎりの支援を行うことが大切です。

　最後に，誰かのこころを支援することを志す時，是非，自分自身の心理的状況に最大限の注意を払ってください。あらゆる人間が多かれ少なかれどうにもならないような事柄（場合によっては心理的な問題や行動的な問題になる事柄）を抱えているように思えます。自分のどうにもならない事柄を綺麗さっぱりすべて解決することは難しいことですが，より安定感をもった心理的支援をする上では，ある時，自分自身の困難さに直面し，それを整理する必要があります。

　本章で取り上げた事柄は，多様な方法・実践のうちの，ほんの一部にすぎません。これらの例を参考に，支援者となる皆さん一人ひとりが，今この時に対面している教育場面にマッチした，いわばオーダーメイドの方法をつくり上げることが望まれます。

（山蔦　圭輔）

---

### 演 習 問 題

　(1) カウンセリング・ロールプレイ

　ここでは，カウンセラー役とクライエント役とで，カウンセリングのロールプレイを行います（ペアで行う練習です）。カウンセリングといっても，この練習では，"治療的なカウンセリング"を行うのではなく，クライエント役の抱える問題を"十分に聴き取る"ことを目標とします。

　手順は以下の通りです。それぞれの時間は目安ですので，各練習の様子によって調整してください。

①シートの確認：シートは，カウンセラー役が使用するカウンセリングシート，クライエント役が使用するクライエント情報シートの2種です。章末の「演習問題(1)　カウンセリングシート」と「クライエント情報シート」を使って下さい。この練習はペアで実施しますが，ペアを組んだ2人ともカウンセラー役と

クライエント役を体験します。

②情報収集（10分〜15分）：つぎに，クライエント情報シートに情報を書き込んでください。この情報は架空のもので構いません。前述の通り，クライエント役は全員が体験しますので，この時点で，全員がクライエント情報シートに情報を書き入れてください。また，特にペアを組んだ相手に内容を見せないように注意してください。

③カウンセリング・ロールプレイ（10分〜15分×2）：ここでは，カウンセラー役はクライエント役の情報を十分に聴き取る練習を行います。クライエント役は，クライエント情報シートに書き込んだ内容に基づき，問題を抱えた人を演じてください。そして，カウンセラー役は，カウンセリングシートに聴き取った情報を書き込んでください。ロールプレイが終わったら，今度は役割を交換してもう一度行います。

④答え合わせとフィードバック（10分）：最後に，クライエント情報シートとカウンセリングシートとの内容の一致度を確かめ，答え合わせをしましょう。ここでは，クライエント役の情報を正確に聴き取れたかを確かめることも大切ですが，短い時間でのロールプレイであるため，クライエント情報シートの内容を完全に聴き取ることは難しいかもしれません。一語一句正解する必要はありません。ここでは，カウンセラーを演じるプロセスで，クライエント役が「よく聴いてもらっているな」と感じられることが大切です。したがって，カウンセリングシートの内容とあわせて，クライエント役がもつカウンセラー役に対する印象（対人距離や雰囲気など）を確認してください。

　(2) 自分自身を客観視する

　誰かの話に耳を傾け，積極的に聴くことはカウンセリングを行う上での必須条件です。カウンセリングのスキルを身につける過程では，聴き手（カウンセラー）としての自分を客観的に把握することも必要不可欠です。カウンセリングなどをはじめとしたある一定の人間関係を築く時，あなたは他者にどのような印象を与えているでしょうか。あなたと人間関係を築いた他者からのさまざまなフィードバックを受け，感じ取ってみましょう。章末の「演習問題(2) ワークシート」を使って実習してみましょう。

第Ⅳ部　教育相談の実習

**【演習問題（1）　カウンセリングシート】**

　カウンセラー役は，クライエントの言動や雰囲気を注意深く聴き・よく観察し，その情報を下に記述してください。内容の記述は，ロールプレイの最中でも，一連のロールプレイが終わった後でも構いません。

| | |
|---|---|
| 主　　訴 | |
| 主訴に至る経緯 | |
| 家　族　構　成 | |
| 主訴にまつわる人間関係（その問題に誰が関わっているか） | |
| 生育歴（成長の過程で生じた特記すべき事柄） | |
| 病歴（たとえば手術や入院を伴う特記すべき病気の経験） | |
| 行動的特徴と印象 | |

第12章　カウンセリングの実践を目指して　177

**【演習問題（1）　クライエント情報シート】**

　このシートは，クライエント役用のシートです。クライエントはなんらかの問題を抱え，相談室に来談しています。クライエントが抱えている問題とは何でしょう。クライエント役は下にまとめた情報に基づきクライエントを演じます。クライエント役を演じるみなさんの想像（架空の情報）で構いません。以下にそれぞれを想定し，その詳細について記述しましょう。

| | |
|---|---|
| 主　　訴 | |
| 主訴に至る経緯 | |
| 家 族 構 成 | |
| 主訴にまつわる人間関係（その問題に誰が関わっているか） | |
| 生育歴<br>（成長の過程で生じた特記すべき事柄） | |
| 病歴（たとえば手術や入院を伴う特記すべき病気の経験） | |
| 行動的特徴と印象 | |

第Ⅳ部　教育相談の実習

【演習問題 (2) ワークシート】

## 自己評価

1. 自分自身の注意したところ

　ここでは，カウンセリングをはじめとした人間関係を築く練習を体験した際，あなたが特に意識した点をいくつかあげてみましょう。

<br>
<br>
<br>
<br>

2. もっとこうすればよかったところ

　ここでは，ここでは，カウンセリングをはじめとした人間関係を築く練習を体験した際，あなたが「こうすればもっと良かった」「足りなかった」と思う点をいくつかあげてみましょう。

<br>
<br>
<br>
<br>

※点線から上を隠すかコピーし山折りにし，人間関係を築いた他者（たとえば，カウンセリング・ロールプレイのクライエント役）にあなたの印象を尋ねましょう。

- - - - - - - - - - - - - - - - - - - - - - - - - - - - - - - - - - - - - - - - - - - -

## 他者評価

　山折りにした後，他者にこの用紙を渡し，評価を受けます。評価するみなさんは，その人の"良かったところ""こうするともっと良くなるアドバイス"をできる限りたくさん記入してください。

よかったところ
<br>
<br>

こうするともっと良くなるアドバイス
<br>
<br>

記入が終わったら，シートを相手に戻してください。

## 解 答

### ■ 第1章 ■ ■

(1) リストカットという「行為」だけでなく，その背景にあるその子の気持ちや思い，心の葛藤，訴えようとしていることに目を向け，理解すること。それによって，たとえば，リストカットは良くない行為であるが彼女自身そのことをきちんとわかっていること，それでもどうしてもリストカットをしてしまうというつらさを抱えていること，そのため誰かに救いを求めていること，などがわかるかもしれない。

(2) 自分の話をよく聴いてくれて，気持ちを理解してくれる教師や，教師自身の考えや価値観を押しつけず，悩みの解決策を一緒に考えようとしてくれる教師には相談しやすい。反対に，自分の話をよく聴いてくれず，理解しようとせず，教師の考えや価値観を押しつけたり，「そんな悩みはたいしたことない」とつきはなしたりする教師には相談しない。

### ■ 第2章 ■ ■

(1) たとえば，「自分を嫌っているからだ」「せっかくメールを送ったのに返事を返さないのは許せない」などととらえた時にストレッサーとなる。なお，前者のようなとらえ方をすると抑うつや不安が生じやすく，後者のようなとらえ方をすると怒りが生じやすい。また，「忙しいから返事を返せないでいるのだろう」「また新しくメールを送ればいいか」ととらえるとストレッサーとならない。

(2) 不安症と日常的な不安の違いについては，不安症の不安は極端で現実とかけ離れたもので，長期間にわたって続き，日常生活に大きな支障をきたす（例：外出できなくなる）ものであるのに対して，日常的な不安はそのような特徴がない。うつ病と日常的な落ち込みの違いについては，うつ病が，うつ気分や興味・喜びの喪失を含む複数の症状が長期間（2週間以上）毎日続き，それによって日常生活に大きな支障を

180

きたすのに対して，日常的な落ち込みにはそのような特徴がない。


## ■ 第3章 ■

（1）ASD は，意思疎通や対人交流に関する問題と，限定された行動パターンや限定された関心・活動領域の反復。ADHD は，不注意，多動性，衝動性。

（2）一人ひとりの子どもをよく見て丁寧な教示を行うこと，子どもが理解していない可能性を常に念頭に置きながら教示をすること，子どもはわかっている，とおとながわかった気にならない，ということ。


## ■ 第4章 ■

（1）中1ギャップといわれる，小学校から中学校への移行に困難を抱える場合があるため。心身の変化が著しい時期であり，不安や戸惑いが高まるため。

（2）教師と保護者のあいだに不登校をめぐる意識にギャップがあることを理解しつつ，保護者とのかかわりを継続する。


## ■ 第5章 ■

未然防止教育の例としては下記の内容があげられる。道徳科や学級・ホームルーム活動などの時間に，実際の事例やいじめに対する理解を促す動画などを教材に，児童生徒同士で検討させる。いじめ傍観者が「仲裁者」や「相談者」に転換するように促す取組を行ったり，いじめ場面のロールプレイを行ったりするなど，体験的な学びの機会を用意する。児童生徒が自分の感情に気づき適切に表現することについて学んだり，自己理解や他者理解を促進したりする心理教育の視点を取り入れた取組を行う。など

## ■ 第6章 ■■

　虐待を受けた子どもは，自分の気持ちを話したり，自己主張ができない場合があります。時には感情表出がパニックのような形となり，感情が爆発する状況になります。そうした子どもに対しては，感情表出を受け止めながら，子どもがうまく言葉にできない感情を，教職員が言葉に置き換えていくことが有効です。また，感情が爆発しそうな時には，タイムアウトを取り，その場から離れさせて落ち着くのを待ちます。

　また，自分に自信がなくなっている子どもに対しては，「自分が悪いんだ，自分は良い子ではないんだ」という自罰的な自己イメージを回復する必要があります。その子どもの良い側面について教師が認めていくことが大事です。とくに，学校生活のなかでの成長を子どもに伝えることで，「自分は変わっていける」と子どもは感じることができ，自己イメージも回復していきます。

## ■ 第7章 ■■

　・20km 地点の解答例：相手のことを知るため　→　Why?
　・30km 地点の解答例：相手を援助するため（に相手のことを知る）
　・42.195km 地点の解答例：援助を成功させるため（に相手のことを知る）
　アセスメントとは決して「知って終わり」ではなく，必ず援助の一環で行っていることを忘れないでください。援助につながらない（役立たない）アセスメントは意味がなく，また，アセスメント抜きの援助もありえません。ゴール（42.195km）に近づけるような（援助の成功に役立つような）情報を集めることを心がけましょう。

## ■ 第8章 ■■

（1）精神分析療法（防衛機制から）
防衛機制：転換

5年生のクラスで中心的な存在になれないことからくる不満足感や葛藤が,「学校で嫌なことはない」と表に出さない代わりに,身体の不調に置き換わって現れたのかもしれません。

(2) 行動療法 (問題行動の維持について)

登校時間や登校することそのものが刺激となって,体調不良を訴えるという行動を生じ,クラスメイトに会わずに済むという結果が伴うことで維持されていると考えることができます。この時,なじめていないクラスメイトと会うという嫌な経験をせずに済むことで,体調不良の訴えが続くという負の強化が起きていると考えられます。

(3) 来談者中心療法 (自己不一致の観点から)

A君は,自己概念としては「自分はクラスの中心的存在 (でなければいけない)」と考えているのかもしれません。その一方で,現状は他の子たちがクラスの中心であるという経験をしており,こうした経験を「学校で嫌なことはない」「体調さえよくなれば登校できる」と否認している自己不一致状態とみることもできます。


## ■ 第9章 ■ ■

(1) 子どもの話を丁寧に聴くこと……子どもが安心して自分の気持ちを話すことができる

教師の自己開示……子どもが親近感をもつ,子どもが先生がどういう人かわかる

子どもの状況に気を配ること……自分のことを大切にしてくれると感じると,子どもが心を開きやすい

(2) 一次的援助サービス:新学期オリエンテーション,わかりやすい授業など

二次的援助サービス:子どものSOSを把握するアンケートの実施,教職員間の気になる児童生徒の情報交換など,気になる児童生徒へ声かけ

三次的援助サービス:子どもの援助チーム,教育支援センター (適応指導教室)・フリースクール等との連携,保護者の面接など

(3) 明るい,真面目である,正義感がある,細かい作業が得意,ITに強い,ユーモアがあるなど

## ■ 第10章 ■ ■

（1）発達支持的教育相談

（2）授業を利用し，イライラしているときのストレッサーや認知を自己モニタリングさせ，コーピング方法を考えさせる。その後，グループでおすすめの方法を1つだけ発表し，クラスで共有する。共有の際は自分のグループ以外の方法で使用してみたい方法に投票するなど，ゲーム形式を取り入れる。また，ホームワークを利用し，般化をうながす。


## ■ 第11章 ■ ■

（1）児童生徒の利益になることを最大限に考え，共有すべき情報は必要な範囲の関係者間で共有する。関係者間で共有された情報について，本来であれば知らないはずの立場になっている場合（当該児童生徒や保護者から直接相談を受けていない場合）には，当該児童生徒や保護者に対して自分勝手なアプローチをしないように心がける。

（2）日頃から心がけておくとよいことは個人レベル・集団レベルに分けてとらえることが可能である。

個人レベル：自分なりのストレス解消方法を身につけておく。自己理解力を伸ばす。
　　普段から適切な自己主張ができる（アサーティブである）ように努める。教育相談
　　に関わる問題に対応する際には一人で抱え込まずチームで対応する意識をもつ。

集団レベル：活用できる外的リソース（資源）に関する情報を収集し，外的リソー
　　ス・マップを作成する。校内危機対応マニュアルを作成する。折にふれて，外
　　的リソース・マップや危機対応マニュアルを改訂し，いざという時に使える状
　　況にしておく。

# 索　引

## あ　行

アイデンティティ　62
アサーション・トレーニング　159
アセスメント　16, 97
いじめ　71-85
いじめ防止対策推進法　71-75, 79
イラショナル・ビリーフ　127
うつ病　40, 41
オウム返し　171
親の会　162

## か　行

解決志向（的な）アプローチ　27, 115
外在化　116, 127
外的適応　22
外的リソース・マップ　155
概念学習　173
回避行動　39
カウンセリング・マインド　123
加害者　76, 82
学習　112
学年主任　15
課題早期発見対応　14, 80, 91
課題未然防止教育　14, 80, 91
課題予防的教育相談　14, 80
学校恐怖症　58
学校心理学　126
学校内チーム　151
環境移行　23
環境整備　44
環境調整　26
観衆　76, 84
感情　145
聴き方　152
危機　127
危機対応マニュアル　159
義務教育の段階における普通教育に相当する教
　育の機会の確保等に関する基本指針　67
義務教育の段階における普通教育に相当する教
　育の機会の確保等に関する法律（教育機会確

保法）　67, 128
虐待　93
　身体的――　93
　心理的――　93
　性的――　93
虐待リスクチェックリスト　95
教育相談コーディネーター　15
教育相談部　15
強化　112
共感的理解　31, 124
協同作業　32
強迫観念　40
強迫行為　40
強迫症（強迫性障害）　40
ぐ犯少年　86
継続的な配慮　152
傾聴　31, 118, 124
系統的脱感作法　113
ケース会議　16
幻覚　41
限局性学習症（限局性学習障害，SLD）　52-55
言語的なメッセージ　171
幻視　41
幻聴　41
構成的グループ・エンカウンター　14, 64, 116-
　118, 172
構造化面接法　170
公的自己意識　62
行動化　22
行動療法　112, 113
校務分掌　15
コーディネーター　129
コーディネート　159
コーピング　36
國分康孝　123
個人情報保護　96
個別最適化された学習　128
コミュニケーション　31, 32
コラボレーション　157
コンサルタント　157

コンサルティ　157
コンサルテーション　157
困難課題対応的教育相談　14, 80, 91

## さ　行

三段階の心理的援助サービス　100, 130
支援計画　17
自我同一性の確立　23
自己概念　114
事後対応（保護者面接のポイント）　151
自傷他害　154
事前準備（保護者面接のポイント）　151
自尊心　95
実践報告会　163
自閉スペクトラム症（自閉症スペクトラム障害,
　ASD）　46-50, 52
社会的サポートの要請　36
社交不安症　39
集団守秘義務（集団守秘）　154, 159
自由連想法　112
巡回相談員　157, 158
小1プロブレム　22
浄化（カタルシス）　169
情緒的サポート　133
情動焦点型コーピング　36
情報的サポート　133
触法少年　86
事例検討会　163
神経性過食症（過食症）　42
神経性やせ性（拒食症）　42
身体化　22
心的外傷後ストレス症候群　95
信頼関係（ラポール）　31, 122, 152, 169
心理学的ストレスモデル　35
心理教育　172
心理的離乳　62
スクールカウンセラー　15, 158
スクールソーシャルワーカー　15, 158
スクラム型　159, 160
ストレス　34-37, 43, 173
ストレス対処法　173
ストレス反応　34
ストレス・マネジメント　44, 142, 172, 173
ストレッサー　34-37

精神分析療法　110-112
生徒指導主事　15
摂食症（摂食障害）　42
専門的ヘルパー　129
相談方法についての希望　152
ソーシャル・エモーショナル・ラーニング（SEL）
　128, 164
ソーシャルサポート　133
ソーシャル・スキル　141, 159
ソーシャル・スキル・トレーニング（SST）　64,
　128, 141, 142

## た　行

体験的学習　173
対人距離　168
第2次性徴　23, 62
短期目標　17
チーム　17
注意欠如・多動症（注意欠如・多動性障害,
　ADHD）　49-52
中1ギャップ　22, 58
長期目標　17
抵抗　112
適応　22
転移　112
道具的サポート　133
登校拒否　58
統合失調症　41, 42
トークン・エコノミー法　113
特別支援教育コーディネーター　15
特別支援教育支援員　157, 158
トランス・セオリティカル・モデル　173

## な・は　行

内在化　127
内的適応　22
治すカウンセリング　170
認知的評価　35
ネグレクト　93
ネットワーク型　159
年間計画　16
バーンアウト　127
発達課題　23, 126
発達支持的教育相談　14, 80, 91

発達障害　46-57
　　──の二次障害　63
パニック症（パニック障害）　38, 39
パニック発作　38, 39
犯罪少年　86
ピア・サポート　172
PDCA サイクル　16
被援助志向性　127
被害者　76, 81
非言語的メッセージ　171
非行少年　86
評価的サポート　133
不安階層表　114
不安症（不安障害）　38
複合的ヘルパー　129
不適応　22
不登校　58-70
不良行為少年　86
分離不安　62
防衛機制　111
傍観者　76, 84
母子分離　62
ボランティアヘルパー　129
本人と環境とのマッチングの問題　61

## ま・や・ら　行

マルトリートメント　93
見える化　159
見守るカウンセリング　170
無意識　110
面接時（保護者面接のポイント）　151
妄想　41
問題志向的なアプローチ　27
問題焦点型コーピング　36
役割的ヘルパー　129
養護教諭　15
要保護児童対応地域協議会　96
予期不安　39
抑うつ　95
4 種類のかかわり　124
4 種類のヘルパー　129
来談者中心療法（クライエント中心療法）　114,
　115, 166
ライフスキルトレーニング　164
リソース　27, 116
例外　27, 116
連携　17,
ロジャーズ（Rogers, C.）　166

# 執筆者紹介 (執筆順)

**黒田　祐二** (くろだ　ゆうじ) 編者　序章, 第1・2章, 第6章第1・2・3節

　　紹介は奥付参照。

**新川　貴紀** (しんかわ　たかのり) 第3章

　　北翔大学教育文化学部心理カウンセリング学科准教授

　　筑波大学大学院博士過程心理学研究科単位取得退学　修士 (心理学)　臨床心理士

　　主著:『学校で気になる子どものサイン (増補改訂版)』少年写真新聞社 2022年 (分担執筆),『ライブラリ　スタンダード心理学＝6　スタンダード教育心理学 (第2版)』サイエンス社　2022年 (分担執筆)

**鈴木　みゆき** (すずき　みゆき) 第4章

　　関東学院大学法学部准教授

　　筑波大学大学院博士課程人間総合科学研究科心理学専攻単位取得退学　修士 (心理学) 学校心理士, ガイダンスカウンセラー

　　主著:「大学生における就職に関する将来展望と就職へ向けての取り組みとの関連─空想と予期の観点から─」『カウンセリング研究』42, 218-228, 2009年,『実践につながる教育心理学 (改訂版)』北樹出版　2021年 (分担執筆),『ライブラリ　スタンダード心理学＝7　スタンダード発達心理学』サイエンス社　2013年 (分担執筆)

**石川　満佐育** (いしかわ　まさやす) 第5章

　　鎌倉女子大学児童学部子ども心理学科准教授

　　筑波大学大学院博士課程人間総合科学研究科ヒューマン・ケア科学専攻単位取得退学

　　博士 (心理学)　公認心理師, 臨床心理士, 学校心理士

　　主著:「中学生・高校生におけるゆるし傾向性と外在化問題・内在化問題との関連の検討」『教育心理学研究』55(4), 526-537, 2007年 (共著),『やさしくわかる生徒指導ガイドブック』明治図書　2013年 (分担執筆)

**葉山　大地** (はやま　だいち) 第6章第4・5節

　　昭和女子大学全学共通教育センター准教授

　　筑波大学大学院人間総合科学研究科心理学専攻修了　博士 (心理学)

　　茨城大学大学院教育学研究科学校臨床心理専攻修了　修士 (教育学)

　　主著:「友人に対する冗談関係の認知が冗談行動へ及ぼす影響」『心理学研究』79(1), 18-26, 2008年 (共著),「過激な冗談の親和的意図が伝わるという期待の形成プロセスの検討」『教育心理学研究』56(4), 523-533, 2008年 (共著)

**下山　晃司**（しもやま　こうじ）第 7 章

立正大学心理臨床センター助教

筑波大学大学院博士課程心理学研究科単位取得退学　修士（心理学）　臨床心理士

主著：「不登校女子中学生を援助する担任および学校生活サポーターへのコンサルテーション」『教育相談研究』45，35-40，2008 年，「心理臨床センターにおける面接技法」『現代のエスプリ』515，152-162，2010 年

**清水　貴裕**（しみず　たかひろ）編者　第 8 章

紹介は奥付参照。

**飯田　順子**（いいだ　じゅんこ）編者　第 9 章

紹介は奥付参照。

**内田　香奈子**（うちだ　かなこ）第 10 章

鳴門教育大学大学院学校教育研究科准教授

兵庫教育大学大学院連合学校教育学研究科博士後期課程修了　博士（学校教育学）　臨床発達心理士　公認心理師

主著：『うつ病予防教育——小学校から始めるメンタルヘルス・プログラム』東山書房 2007 年（共著），『日本の心理教育プログラム——心の健康を守る学校教育の再生と未来』福村出版 2022 年（分担執筆）

**眞榮城　和美**（まえしろ　かずみ）第 11 章

白百合女子大学人間総合学部発達心理学科准教授

白百合女子大学大学院文学研究科発達心理学専攻博士課程修了　博士（心理学）　臨床心理士

主著：『自己評価に関する発達心理学的研究——児童期から青年期までの検討』風間書房 2005 年，『子育て支援に活きる心理学　実践のための基礎知識』新曜社 2009 年（分担執筆），『きほんの発達心理学』おうふう 2013 年（共著）

**山蔦　圭輔**（やまつた　けいすけ）第 12 章

神奈川大学人間科学部教授・臨床心理士・公認心理師　南浦和つながりクリニック代表理事

早稲田大学大学院人間科学研究科博士課程人間科学専攻修了　博士（人間科学）

主著：『カウンセリングと援助の実際——医療・教育・産業・行政における心理的支援』北樹出版 2012 年（共編著），『摂食障害および食行動異常予防に関する研究』ナカニシヤ出版 2012 年，『メディカルスタッフのための基礎からわかるカウンセリングと心理療法』南山堂 2022 年

## 編著者紹介

### 黒田　祐二

福井県立大学学術教養センター教授，博士（心理学），臨床心理士
筑波大学大学院博士課程心理学研究科修了

主著：『実践につながる教育心理学（改訂版）』（北樹出版，編著），『実践につながる生徒指導・キャリア教育』（北樹出版，編著），『[改訂版] たのしく学べる最新発達心理学』（図書文化社，分担執筆），『はじめて学ぶ乳幼児の心理』（有斐閣，分担執筆）ほか

### 清水　貴裕

東北学院大学地域総合学部教授，博士（心理学），公認心理師・臨床心理士
筑波大学大学院博士課程心理学研究科単位取得退学

主著：『実践につながる生徒指導・キャリア教育』（北樹出版，編著），『実践につながる教育心理学（改訂版）』（北樹出版，分担執筆），『図で理解する生徒指導・教育相談』（福村出版，分担執筆）

### 飯田　順子

筑波大学人間系教授，博士（心理学），公認心理師・学校心理士スーパーバイザー・臨床心理士
筑波大学大学院博士課程心理学研究科修了

主著：『いじめ予防スキルアップガイド——エビデンスに基づく安心・安全な学校づくりの実践』（金子書房，共編著），『世界の学校心理学事典』（明石書店，共訳），『外国にルーツをもつ子どもたちの学校生活とウェルビーイング——児童生徒・教職員・家族を支える心理学』（遠見書房，分担執筆）

---

### 【改訂版】実践につながる教育相談

| 2014年4月20日　初版第1刷発行 | 編著者　黒田　祐二 |
|---|---|
| 2021年9月30日　初版第4刷発行 | 　　　　清水　貴裕 |
| 2024年10月30日　改訂版第1刷発行 | 　　　　飯田　順子 |

発行者　木村　慎也

印刷　新灯印刷／製本　和光堂

発行所　株式会社　北樹出版

〒153-0061　東京都目黒区中目黒1-2-6
URL : http://www.hokuju.jp
電話(03)3715-1525(代表)　FAX(03)5720-1488

© 2024, Printed in Japan　　　　ISBN 978-4-7793-0758-4
（落丁・乱丁の場合はお取り替えします）